EDUARD BERNSTEIN · OTTO UMFRID

Armenien, die Türkei und die Pflichten Europas

Herausgegeben von Helmut Donat

Mit Beiträgen von Georg Gradnauer,
Gunnar Heinsohn, Otto Luchterhandt,
Steffen Reiche und Helmut Donat

Donat Verlag

Bibliografische Information der Deutschen Bibliothek

Die Deutsche Bibliothek verzeichnet diese Publikation in der
Deutschen Nationalbibliografie; detaillierte bibliografische
Daten sind im Internet über http://dnb.ddb.de abrufbar.
ISBN 3-934836-98-4

Das Bild „Trapesunt – Trabzon" auf dem Umschlagtitel ist
dem Lithografiezyklus „Gekommen, um zu schweigen –
Erinnerung an Armenien" von Tilman Rothermel (Bremen)
entnommen. Der Verlag dankt dem Künstler für die
Erlaubnis des Abdrucks. Eine Faksimile-Mappe des
Zyklus' ist im Donat Verlag erschienen.

© 2005 by Donat Verlag
Borgfelder Heerstraße 29 · D-28357 Bremen
Tel.: (0421) 27 48 86 · Fax: (0421) 27 51 06
E-mail: donat-verlag@nexgo.de
Alle Rechte vorbehalten
Layout und Umschlaggestaltung:
hofAtelier Toni Horndasch, Bremen
Druck: Druckerei & Verlag Steinmeier, Nördlingen

Inhalt

HELMUT DONAT

Völkermord und Zivilcourage – ein deutsches Problem?

Am 24. April 1990 erklärte die Kirchenleitung der Evangelischen Kirche in Hessen und Nassau anläßlich des 75. Jahrestages des Völkermords an den Armeniern, dem über eine Million Menschen zum Opfer fielen: „Für uns Deutsche ist das Geschehen von 1915 ein Grund zur Scham. Denn als wichtigster Verbündeter der Türkei hätte damals das Deutsche Reich viele Möglichkeiten der Intervention gehabt. Aus Opportunitätsgründen beließ es jedoch Kaiser Wilhelm II. – trotz der Augenzeugenberichte tief betroffener Diplomaten – bei formalen Protesten. Auch die Kirchen und ein Großteil der Pfarrerschaft schwiegen, obwohl mit Johannes Lepsius ein Pfarrer und genauer Kenner der Armenier immer wieder versuchte, die deutsche Öffentlichkeit zu mobilisieren." Der Hinweis auf Lepsius offenbart: Nicht alle haben geschwiegen. Auch im Deutschland des machtstaatlichen Denkens gab es Menschen und Gruppen, die vor dem, was „hinten, fern in der Türkei" geschah, nicht die Augen verschlossen oder mit bedauerndem Achselzucken zur Tagesordnung übergingen. Zwei dieser Persönlichkeiten sind Eduard Bernstein und Otto Umfrid. Lange vor dem Ersten Weltkrieg erhoben sie warnend ihre Stimmen und forderten die deutsche und europäische Öffentlichkeit auf, weiteren blutigen Ereignissen durch eine tatkräftige Politik gegenüber dem Osmanischen Reich vorzubeugen.

Bernsteins und Umfrids entschlossenes Engagement sowie die Rede Georg Gradnauers vom 3. März 1902 im Deutschen Reichstag widersprechen zugleich der These, man habe nicht vorhersehen können, was da kommen würde. Insofern ist die Mitverantwortung und Mitschuld der Deutschen wie der Europäer insgesamt höher einzustufen, als es ohne dies Wissen zu konstatieren wäre. Das Scheitern ihres Bemühens schmälert indes die Verdienste Bernsteins und Umfrids nicht. Ihr Versuch, die Unversehrtheit des Lebens und die Rechte von Minderheiten in der Türkei einzuklagen, darf nicht vergessen werden.

Nicht die Haltung der deutschen Regierungen und Parteien waren wegweisend und haben vor der Geschichte, Gegenwart und Zukunft Bestand, sondern jene „Rufer in der Wüste", die mit wachem Blick die Zeichen der Zeit kompetenter, klarer und realistischer deuteten als ihre Gegner.

Das Wissen um die Vergeblichkeit der Anstrengungen von Bernstein, Umfrid und auch Georg Gradnauers mag beschwerend sein, aber Resignation ist kein Handlungsimpuls. Das Dennoch ist ohnehin stets neu zu erringen. Fraglos hat sich auch einiges geändert. Ging es früher um Warnung und Widerstand gegen Ausrottungspläne, die voraussehbar zahllosen Menschen das Leben kosteten, steht heute zunächst die Anerkennung des Genozids durch die deutsche Regierung, die Weltöffentlichkeit und die Türkei auf der Tagesordnung. Noch immer gibt es in unserem Land viele, die nicht wissen, welche Verbrechen 1915/16 begangen worden sind. Noch immer hat weder der Deutsche Bundestag noch irgend ein deutsches Länderparlament die Verbrechen als Völkermord an den Armeniern anerkannt. Dabei stünde doch gerade uns Deutschen eine solche moralische Verpflichtung zu. Zu viele deutsche Regierungen haben geschwiegen, sich herausgeredet oder in die Büsche geschlagen, wenn es darum ging, den Opfern Gerechtigkeit widerfahren zu lassen und die Täter beim Namen zu nennen.

Bernstein und Umfrid waren den politischen wie militärischen Spezialisten nicht nur ebenbürtig, sondern aufgrund ihres unabhängigen Denkens vielfach überlegen. Das einzugestehen, fällt Verteidigungs- und Außenministern, Kanzlern, Diplomaten, Parteiführern und Politikern offenbar nach wie vor schwer. Sie reden zwar ständig von Demokratie und Menschenrechten, für deren Ausbau und Wahrung folgt daraus kaum etwas Greifbares. Ihr Handeln ist weitgehend bestimmt von Machtinteressen, Deutschlands Ansehen und Rolle in der Welt etc. Dafür wird intrigiert, so getan als ob, verleumdet, gelogen, korrumpiert, die Wahrheit bis zur Unkenntlichkeit verbogen. Erinnerung an Persönlichkeiten wie Bernstein und Umfrid sowie an ihre kritische Haltung gegenüber den Mächtigen in der armenischen Frage ist da nur hinderlich. Solche „Friedensstörer" überantwortet man lieber weiter dem Reich des Vergessens und läßt sie dort, wo sie schon lange liegen: im Grab der Geschichte. Persönlichkeiten wie Bernstein und Umfrid fallen einer schlechten und vordergründigen Erinnerung und Traditionspflege zum Opfer. Übrig bleibt ein von Partei- und staatlichen Organisationen angebotenes Gebräu von Leitbildern, die sich bei näherem Hinsehen allzu häufig als Opportunisten erweisen. Auf dem Boden solcher Unwahrhaftigkeiten bleiben gerade die unangepaßten, selbständig denkenden und handelnden Politiker, Schriftsteller, Publizisten oder Journalisten, die sich unmißverständlich und mit großem Risiko gegen ein Deutschland von „Hakenkreuz und Stahlhelm" gewandt haben, auf der Strecke. Aus dem oft und viel beschworenen Schatten seiner Vergangenheit ist dieses Land jedenfalls noch nicht herausgetreten.

Das erweist sich auch im Zusammenhang mit der Armenierfrage. Als im internen Bereich des Europäischen Parlaments im Jahre 1986 darüber beraten wurde, „war die Haltung vieler deutscher EP-Abgeordneten beschämend".* Christ- wie Sozialdemokraten suchten den Politischen Ausschuß zu bewegen, sich nicht mit dem Armenier-Bericht Jaak Vandemeulebrouckes zu befassen. Als der Bericht dann doch mit knapper Mehrheit vom Ausschuß angenommen wurde, beantragte der sozialdemokratische Abgeordnete Klaus Haensch, den Begriff „Genozid" durch „Unrecht am armenischen Volk" zu ersetzen. Bei schriftlichen wie telefonischen Rückfragen der „Gesellschaft für bedrohte Völker" wandte sich Haensch zudem mehrfach gegen eine Befassung des Europäischen Parlaments mit dem Völkermord an den Armeniern. Seine Begründung war peinlich, machtorientiert-herablassend und decouvrierend: das Europäische Parlament sei keine „Historikerkonferenz". Er aber maßte sich an, nicht vom „Genozid", sondern lediglich vom „Unrecht" zu sprechen. Mit welchem historischen und politischem Recht? In abgewandelter und abgeschwächter Form suchte Haensch – wie weiland die Zensur- und Militärbehörden im Ersten Welt-

---

* Vgl. hierzu die Ausführungen von Tessa Hofmann zu den politischen Hintergründen einer antiarmenischen Hetzkampagne in Berlin. In: Armenisch-Apostolische Kirchengemeinde zu Berlin/Armenische Kolonie zu Berlin (Hrsg.), Armenische Frage – türkisch behandelt. Dokumentation über eine antiarmenische Hetzkampagne in Berlin-West sowie über die vom Europa-Parlament verabschiedete Resolution zur Armenischen Frage. Mit einer Einleitung von Tessa Hofmann und einem Nachwort von Jaak Vandemeulebroucke, Bremen 1988, S. 17. Die Darstellung folgt dem Text Tessa Hofmanns.

krieg – den Mantel des Schweigens über die Verbrechen am armenischen Volk zu legen. Und das wie schon damals: aus Rücksicht auf den türkischen Bündnispartner. Eine solche Kontinuität und Haltung ist mehr als nur beschämend: Es ist geradezu eine Aufforderung an die Türkei, so weiterzumachen wie bisher. Daß sich die deutschen Christ- und Sozialdemokraten bei der Entscheidung im Europa-Parlament der Stimme enthielten, wirkt vor dem Hintergrund der Geschichte und der Warnungen Bernsteins und Umfrids – insbesondere den Opfern gegenüber – als gemein, niederträchtig und bösartig.

Daß es sich dabei keineswegs um eine einmalige Entgleisung handelt, wurde im Zusammenhang mit einer Petition offenbar, die die Berliner „Arbeitsgruppe Anerkennung" am 13. April 2000 an den Deutschen Bundestag gerichtet hat. Das Anliegen, unterstützt von 16 000 Menschen, darunter viele in Deutschland lebende Staatsbürger der Türkei, forderte die Abgeordneten bzw. das Parlament auf, in einer Resolution den Genozid an den Armeniern anzuerkennen. Wolfgang Gerhardt, Vorsitzender der FDP-Bundestagsfraktion, bezeichnete in seinem Schreiben an die Deutsch-Armenische Gesellschaft vom 22. August 2001 „die in dem Antrag besonders hervorgehobene Verantwortung des Kaiserreiches und der deutschen Regierung für die Vertreibung und Vernichtung der Armenier" als „bedenklich" sowie als „Ausdruck des Bemühens…, an jedwedem Übel in der Welt eine wie auch immer geartete deutsche Mitschuld zu konstruieren." Zudem mokierte er sich darüber, daß „eine derartige Passage im Text der französischen Nationalversammlung nicht enthalten ist". Es scheint, als hätte Gerhardt keine Ahnung – oder er tut einfach nur so. Denn eine Notwendigkeit oder Berechtigung zu einem solchen Passus besteht allein schon deshalb nicht oder wäre ganz anders zu fassen, weil es eben das kaiserliche Deutschland und nicht Frankreich war, das den türkischen Bündnispartner nicht daran hinderte, sein Ausrottungsprogramm durchzuführen. Auch Gerhardts Hinweis darauf, man könnte mit der gleichen Berechtigung „eine Mitschuld Deutschlands an den in Tschetschenien verübten Massakern dadurch begründen, daß die Bundesregierung zwar protestiert, nicht aber Rußland boykottiert habe", ist abwegig. Das zweite deutsche Kaiserreich war nach dem Berliner Vertrag von 1878 für den Schutz der Minderheiten im Osmanischen Reich mitverantwortlich, es war, anders als Frankreich, England und Rußland, mit der Türkei verbündet – und es hat die Armenier ihrem Schicksal überlassen. Vor diesem Hintergrund einen Vergleich mit Tschetschenien zu ziehen, ist unhaltbar. Oder darf von einem erfahrenen Parlamentarier und seinen Beratern nicht mehr historischer und politischer Sachverstand erwartet werden?

Zu ähnlichen Ausflüchten griff schließlich auch Gernot Erler, stellvertretender Vorsitzender der SPD-Bundesfraktion, in seinem Schreiben vom 8. Mai 2001 an die Mitglieder der SPD-Bundestagsfraktion. Einleitend stellte er zunächst fest: „Es ist historisch unbestreitbar, daß es 1915/16 im damaligen Osmanischen Reich systematische Verfolgungen und Vertreibungen von Armeniern gegeben hat, die über eine Million Opfer forderten und die nach den geltenden menschenrechtlichen Kriterien den Tatbestand des Völkermordes erfüllen." Doch später spricht er sich aus „grundsätzlichen Erwägungen" gegen „einen parlamentarischen Beschluß über die förmliche Feststellung eines Völkermordes an den Armeniern" aus. Die „offizielle Bewertung historischer Ereignisse" sei „Aufgabe der Geschichtswissenschaft und nicht irgendwelcher fremder Parlamente". Zwar erweise sich eine parlamentarische Diskussion als „selbstverständlich" und „auch sinnvoll für die Bewertung zeitgeschichtlich und tagespolitisch aktueller Entwicklungen in anderen Ländern und Regionen … Viele Jahrzehnte zurückliegende Ereignisse sollten aber der Geschichtsschreibung überlassen bleiben." Würde man damit bei den Armeniern anfangen, müßte man „auch die Ausrottung von Indianerstämmen in den USA im Nachhinein durch einen Bundestagsbeschluß förmlich feststellen sowie alle sonstigen Genozide anprangern, die von den Kolonialmächten in Afrika, Lateinamerika und Asien begangen wurden. Das könne" – so Erler weiter – „nicht die Aufgabe des deutschen Parlamentes sein."

Wie die Argumentation von Klaus Haensch oder die von Wolfgang Gerhardt läßt auch die von Gernot Erler wesentliche historische Tatbestände außer acht, wenn er auch damit Recht hat, daß Parlamente nicht dazu da sind, das Nest anderer zu beschmutzen. Es sollte aber gleichwohl ihre Aufgabe sein und bleiben, das *eigene* Nest zu reinigen und sich auch *offiziell* von den Untaten und Verbrechen derjenigen zu distanzieren, die – wie im Falle des Krieges gegen die Hereros (1904) und der Ermordung wehrloser Überlebender, der brutalen Niederschlagung des Maji-Maji-Aufstandes von 1905/06, der Greueltaten an der belgischen Zivilbevölkerung im August 1914, der Politik der verbrannten Erde auf dem Rückzug der deutschen Truppen in Nordfrankreich und Belgien 1917/18 sowie der Bereitschaft, den ersten Völkermord des 20. Jahrhunderts ohne nennenswerten Widerstand zuzulassen – schwere Schuld auf sich geladen haben.

Gernot Erler folgt einem durchaus typisch deutschen Entlastungsschema. Er „bedient" sich der Grausamkeiten und Gewalttätigkeiten der Geschichte schlechthin, um sich der deutschen Verantwortung zu entziehen. Und er fügt sich einem weiteren Spaltungsvorgang: dem der Trennung von Moral und Politik. Selbst oder 'inoffiziell' zweifelt er nicht daran, daß die Armenier einem „Völkermord" zum Opfer gefallen sind, „offiziell" dürfe man das aber nicht sagen. Das solle doch lieber „der Geschichtsschreibung überlassen bleiben". Mit anderen Worten: die Wahrheit degeneriert aus politischen Gründen zum Spielball vermeintlich nationaler und bilateraler Interessen. Wo ist da noch ein Unterschied zu der Haltung der kaiserlichen Regierung und Diplomatie von 1915/16 zu erkennen, als die politische Rücksichtnahme und Bündnispartnerschaft mit der Türkei über die Wahrheit triumphierte und jedwede Stellungnahme zugunsten des armenischen Volkes geächtet und bestraft worden ist?

Auch Cem Özdemir, innenpolitischer Sprecher der Fraktion Bündnis 90/Die Grünen und zugleich Vorsitzender der Deutsch-Türkischen Parlamentariergruppe, zweifelt in seinem Schreiben an die Deutsch-Armenische Gesellschaft vom 3. April 2002 nicht daran, „daß den Armeniern in den Jahren 1915/16 unbeschreibliches Leid zugefügt worden ist." Eine Resolution des Bundestages empfindet er aber nicht als „die [uns] geeignete Form, der ermordeten Armenier zu gedenken." Für wen spricht er? Für die „Grünen" oder für die Deutsch-Türkische Parlamentariergruppe? Für die „ermordeten Armenier" tut er es jedenfalls nicht. Weder hat er sie noch deren Nachfahren befragt. Dennoch weiß er offenbar bestens darüber Bescheid, „welches die adäquate Form ist", ihrer zu gedenken. Natürlich nicht mit einer Resolution des Bundestages, womit er sich – wie die anderen deutschen Politiker auch – in einen Gegensatz zu vielen anderen Parlamentariern der Welt bringt. Und auch er verfällt der Gebetsmühle von der „Aufgabe der Geschichtswissenschaften" etc. Kurz und schlecht: „Die von der Bundesregierung und den sie tragenden politischen Parteien gegen eine 'Armenien-Resolution' des Bundestages vorgetragenen Argumente überzeugen nicht, weil sie weder dem sittlichen Ernst der Petition noch der spezifischen Betroffenheit Deutschlands von ihrem Gegenstand noch ihrer grundsätzlichen Bedeutung für das politische Verhältnis der EU-Mitgliedsstaaten zur Türkei gerecht werden."[*] Man kann nur hoffen, daß sich solche Vorgänge nicht wiederholen und die Rede Bernsteins und der Text Umfrids jene Aufmerksamkeit erfahren werden, die sie auch heute immer noch verdienen.

Inzwischen steht die Türkei vor den Toren der Europäischen Union – und stellt nach wie vor jedwede Verantwortung für den Völkermord an den Armeniern in Abrede. Mehr noch. An ihren Schulen verschärfte sie im April 2003 sogar noch die Lügenpropaganda, indem der türkische Erziehungsminister die Schuldirektoren anwies, alle Primar- und Sekundarschüler zu verpflichten, in einem Aufsatzwettbewerb die Ausrottung der Armenier, Aramäer, Assyrer und kleinasiatischen Griechen Anfang des 20. Jahrhunderts zu leugnen. Lehrer, die sich über die Vorgänge genauer informieren wollten, sind zeitweise gerichtlich verfolgt worden. In neuen Geschichtsbüchern für die Schule bezeichnete man Angehörige der christlichen und jüdischen Minderheiten – wie der „Vorstand der Arbeitsgruppe Anerkennung – Gegen Genozid, für Völkerverständigung e.V." berichtet – als „Verräter", „Barbaren" und „Spione", Kirchen und Synagogen fielen der Verunglimpfung „schädliche Einrichtungen" anheim. Die türkische Gewerkschaft der Lehrer protestierte gegen solche von ihr als „rassistisch" charakterisierte Einordnung.[**]

Zwar traten erst nach fast einem Jahr (!) Gesetze in Kraft, welche die Diskriminierung von Minderheiten verboten, geän-

---

[*] So das Urteil Otto Luchterhandts in seinem Beitrag zu diesem Band, siehe S. 147-157

[**] Arbeitsgruppe Anerkennung – Gegen Genozid, für Völkerverständigung e.V. (AGA), Brandenburg streicht auf türkisches Verlangen Armenier-Völkermord aus Geschichtslehrplan. Offener Brief der Arbeitsgruppe an Ministerpräsident Platzeck und Bildungsminister Rupprecht – Berlin, 27. Januar 2005; vgl. auch die „Medienmitteilung" der „Gesellschaft Schweiz-Armenien" vom 16. Juni 2003 zum Komplex „Der Bundesrat und die türkische Leugnungspolitik"

dert hat sich dennoch wenig. Nur ein paar Monate später legte die Novelle des Strafgesetzbuches im Kommentar zu dem Artikel 305 fest, daß „die bloße öffentliche Erwähnung des Armenier-Genozids als Verletzung ‚nationaler Interessen' unter Strafe gestellt wird."* Im Ausland strebt die Türkei weiterhin danach, verlorenes Terrain wieder gut zu machen – wobei ihr manche Politiker in der Bundesrepublik willfährig zur Seite stehen, wie kürzlich im Bundesland Brandenburg geschehen, wo man, wie dem Bericht von Regina Mönch in der „Frankfurter Allgemeinen Zeitung" vom 25. Januar 2005 zu entnehmen ist, den im Schuljahr 2002 in den Geschichtslehrplan der Klassen 9 und 10 integrierten Völkermord an den Armeniern wieder gestrichen hat – offenbar auf Betreiben des türkischen Generalkonsuls Aydin Durusay, dessen Wünschen Ministerpräsident Matthias Platzeck und Bildungsminister Holger Rupprecht eilfertig entgegengekommen sein sollen. Man fragt sich unwillkürlich, ob der Herr Ministerpräsident und sein Bildungsminister noch ganz richtig im Kopf sind? Sie machen sich lächerlich. Die zivilisierte Welt ist sich seit langem darüber einig, daß die türkische Regierung für die an den Armeniern im Ersten Weltkrieg begangenen Massaker verantwortlich ist. In Deutschland, dem damals engsten Verbündeten der Türkei, ist im Politischen Archiv des Auswärtigen Amtes aufbewahrt, was deutsche Augenzeugen gesehen und berichtet haben. Allein diese Dokumente, von denen Johannes Lepsius 1919 eine Auswahl in dem Band „Deutschland und Armenien 1914-1918 – Sammlung diplomatischer Aktenstücke" publiziert hat, sind mehr als erdrückend. Sie lassen keinen Zweifel über die Absichten und Methoden der jungtürkischen Regierung zu, die armenischen Staatsbürger und die übrigen orientalischen Christen im Osmanischen Reich systematisch auszurotten. Unwillkürlich fragt man sich: Warum kommen deutsche Politiker eigentlich nicht darauf, ihren türkischen Gesprächspartnern vor Augen zu führen, daß es sich bei dem Armenier-Genozid nicht um eine Frage der Diplomatie, sondern der Wahrheit handelt? Und warum laden sie die türkischen Konsuln, Diplomaten, Journalisten etc. nicht zu einem Besuch in das Politische Archiv des Auswärtigen Amtes ein und konfrontieren sie mit den historischen Tat-

---

* Arbeitsgruppe Anerkennung (AGA), Offener Brief vom 27. Januar 2005

sachen? Haben sie Angst? Möchten Sie vermeintlichen Schwierigkeiten und Konflikten aus dem Wege gehen – oder mangelt
es ihnen einfach nur an Zivilcourage?

Zur Verdeutlichung der türkischen Ambitionen und damit
der Dimension, um die es geht, sei ein Vergleich gezogen. Nehmen wir einmal an: die Bundesrepublik strebt nach einem Platz
im Sicherheitsrat der UN – und leugnet den Völkermord an Juden, Sinti und Roma sowie an anderen rassisch verfolgten Gruppen durch das Dritte Reich. Wer würde unter solchen Umständen den Verlautbarungen deutscher Politiker, künftig den Menschenrechten Rechnung zu tragen, Glauben schenken? Wer
außer den Tätern, Mittätern und ewig Gleichgültigen und Un-
belehrbaren käme je auf den Gedanken, solchen Versprechungen zu trauen? Und was wäre, wenn in Deutschlands großen
Städten Straßen und öffentliche Plätze die Namen von Mas-
senmördern tragen würden – wie es in der Türkei der Fall ist?
Nach Talaat Pascha zum Beispiel, der 1921 in Berlin auf offener
Straße von einem jungen Armenier erschossen wurde und als
Innenminister des Osmanischen Reiches u.a. für die Mordbe-
fehle an die Präfektur Aleppo verantwortlich ist, „sind große
Alleen im Zentrum von Ankara und Izmir benannt. Er gilt in
der Türkei als offiziell gefeiertes 'erstes Opfer des armenischen
Terrorismus'. In der deutschen Geschichte bietet sich nur der
Reichsführer SS und Innenminister Himmler als Vergleichsge-
stalt an."* Oder wenn in der Presse ständig zu lesen oder im
Rundfunk immer wieder zu hören wäre, die Juden hätten die
Deutschen angegriffen und deshalb ihr Schicksal selbst verschuldet – wie man es in der Türkei von den Armeniern behauptet?** Kein verantwortlicher Politiker oder Staatsmann würde
der Regierung eines solchen Staates dazu verhelfen, im Sicherheitsrat der Vereinten Nationen eine Rolle zu spielen.

Noch immer gilt der Rechtsgrundsatz: die Verantwortung
für ein Verbrechen wird nicht dadurch ungeschehen gemacht,

---

* Frank Boldt (Hrsg.), Artikel über die Armenier und andere Minderhei-
  ten der Türkei in den drei großen in der Bundesrepublik verbreiteten
  türkischen Tageszeitungen. Dokumentationszeitraum 1.6.-31.7.1984,
  Bremen 1985, S. VIII, Anmerkung 7
** Vgl. Armenisch-Apostolische Kirchengemeinde zu Berlin/Armenische
  Kolonie zu Berlin (Hrsg.), Armenische Frage – türkisch behandelt

weil es schon vor einer Woche, einem Monat, einem Jahr oder vielen Jahrzehnten begangen worden ist. Solange sich die Regierung der Türkei schützend vor die Täter stellt, identifiziert sie sich gleichsam mit der Anwendung von Gewalt und Ausrottungsstrategie gegenüber einer Minderheit. Statt den Opfern ihre Würde und Unschuld zurückzugeben, erklärt man sie weiterhin zu gefährlichen Subjekten – millionenfach und gleichgültig, ob Kinder, Frauen, Greise oder Unschuldige davon betroffen waren und sind.

Die Brandenburger Affäre hat offenbar eine Vorgeschichte. Türkischen Dienststellen scheint daran gelegen zu sein, ihnen unliebsam erscheinende Deutsche in die Schranken zu weisen bzw. deren Einfluß zurückzudrängen. Gemeint ist Steffen Reiche, Initiator des Lehrplans über den Völkermord (einschließlich der Massaker an den Armeniern) und damals noch Bildungsminister in Brandenburg. Als er im Jahre 2002 seine Pläne in Stockholm vor dem Internationalen Forum für „Wahrheit, Gerechtigkeit, Versöhnung" erläuterte, waren die türkischen Teilnehmer bzw. Vertreter in hohem Maße empört. Reiche hatte sich – im Unterschied zu den anderen Deutschen – nicht dem „politischen Schweigekonsens" unterworfen, sondern berief sich zudem noch ausdrücklich auf Johannes Lepsius als „weißen Raben" der Stadt Potsdam, dem viele Armenier ihre Rettung verdankten, und als Herausgeber der ersten Dokumentensammlung zum Genozid. Reiche war es auch, der sowohl am 20. April 2002 in Köln als auch am 24. April 2004 in Berlin zum Gedenken an den Völkermord außerordentlich bemerkenswerte Reden gehalten hat, die jeder im Internet lesen kann. Sie stehen ganz in der Tradition jener Persönlichkeiten in Deutschland, die wie Bernstein oder Umfrid klar und unmißverständlich zu den Greueltaten Stellung bezogen haben. Darüber hinaus sind sie – nach Eduard Bernstein – die ersten Reden eines deutschen Politikers zu dem Völkermord. Daher ist es mehr als naheliegend, daß sie Bernstein, Umfrid und Gradnauer „begleiten" und in diesem Band abgedruckt sind. Es handelt sich um lesenswerte und nachlesenswerte Texte, die man bislang von einem deutschen Politiker jedenfalls so nicht erwartet hat.

Die türkische Administration und Journalistik achtet genau darauf, wo wer was in der Bundesrepublik zum Völkermord an den Armeniern sagt. Insofern richtete sich die türkische Intervention im Land Brandenburg zumindest indirekt auch gegen

Steffen Reiche. Doch statt sich vor ihren Kollegen zu stellen und seine Sache zu der ihren zu machen, gaben Matthias Platzeck und Holger Rupprecht klein bei und den türkischen Forderungen nach. Zwar ist die Lehrplan-Streichung inzwischen vom Tisch und rückgängig gemacht, empörend bleibt der Vorfall dennoch. Es schadet unserem Lande, wenn sich Politiker dem Druck von Diplomaten beugen und bereit finden, die Wahrheit zu unterschlagen oder – im Sinne der Täter – als anrüchig behandeln zu lassen.

Vor wenigen Wochen hat die CDU als erste große deutsche Partei von der Türkei gefordert, die an den Armeniern 1915/16 begangenen Massaker und Greueltaten als Verbrechen anzuerkennen. Sie macht sich damit bei der offiziellen Türkei höchst unbeliebt, obwohl sie den Begriff „Völkermord" tunlichst vermeidet und sich damit den Vorwurf einhandelt, es mit der Wahrheit selber nicht so genau zu nehmen. Gleichwohl ist Bewegung in die Debatte gekommen. Ob sie dazu beitragen wird, der Wahrheit und dem Recht zum Ansehen zu verhelfen, bleibt abzuwarten. Die Anerkennung des Völkermordes ist letzten Endes eine Frage der Moral. Und bislang hat keine deutsche Regierung oder Partei – die CDU eingeschlossen – es gewagt oder für nötig gefunden, in dieser Frage ganz einfach der Wahrheit die Ehre zu geben. Wie das aussehen könnte, hat Gunnar Heinsohn bereits vor geraumer Zeit mit seinem Entwurf „Wie eine Resolution des Deutschen Bundestages lauten könnte" verdeutlicht.*

Andererseits darf die Haltung der türkischen Regierung nicht dazu benutzt werden, unsere türkischen Mitbürger zu verunglimpfen. Sie sind für die Verbrechen früherer Regierungen nicht haftbar. Und wie es Deutsche gab, die Juden geholfen, so gab es auch Türken, die Armeniern beigestanden und sie gerettet haben. Niemand ist von den heute Lebenden für die Bluttaten von 1915/16 verantwortlich zu machen. Wer sich aber erneut und weiter schützend vor die damalige jungtürkische Regierung stellt und den Völkermord leugnet, begibt sich in eine schlimme Tradition und muß sich die Frage gefallen lassen, wie er denn heute zur Verletzung von Menschenrechten steht, wenn er vor den in der Vergangenheit millionenfach begangenen die Augen verschließt oder diese nicht wahrhaben will? Die Würde des Men-

---

* Abgedruckt in diesem Band, S. 143-146

schen zu achten, gilt für die Vergangenheit wie für die Gegenwart. Und wer sich in die Niederungen von Traditionen begibt, die mit Gewalt, Tod und Ausrottung verbunden gewesen sind, arbeitet jenen Kräften in die Hände, die es auch in der Gegenwart und Zukunft mit der Achtung des Menschenwürde nicht so ernst nehmen, wie sie es vielleicht vorgeben.

Natürlich haben auch Türken den Völkermord an den Armeniern verurteilt und sich von den Grausamkeiten und Verbrechen distanziert. Sie sind in der Türkei ebenso vergessen bzw. vergessen gemacht worden wie in unserem Lande die Kritiker der deutschen Regierungspolitik. Stellvertretend sei der bedeutende liberale türkische Politiker Kemal Midhat Bei, einst Chef der liberalen Partei und Enkel Midhats Paaschas, des sogenannten „Vaters der ottomanischen Konstitution" hervorgehoben und zitiert. Im Januar 1918 erklärte er in einem Aufruf zu den blutigen Ereignissen der Jahre 1915 und 1916: „Zur Rechtfertigung aller dieser Verbrechen hat die türkische Regierung mehr als eine Broschüre voll zynischer Verlogenheit gegen die Armenier veröffentlichen lassen. Denn nach all diesem Mord an Frauen und Kindern war es notwendig, alle möglichen Anklagen gegen das unglückliche armenische Volk zu erfinden. Zugegeben, daß es auch unter den Armeniern einige gab, die sich Vergehen schuldig gemacht haben; dann wäre es Pflicht der Regierung gewesen, sie ausfindig zu machen und nach den Gesetzen des Landes zu bestrafen. Jedoch wegen einiger weniger Revolutionäre – wenn es überhaupt welche gab – mehr als eine Million friedlicher, sich ihrer vollkommenen Unschuld bewußter Bewohner und Mitbürger einfach zu ermorden oder zu deportieren, zu plündern und dann abzuschlachten, das ist eine Tat, die mit keinen Worten zu bezeichnen ist, und die wir liberalen und wahrhaft patriotischen Türken in tiefster Seele verdammen, die auch unsere mohammedanische Religion aufs allerenergischste verurteilt."*

---

* Zitiert in und nach einer Rede von Hugo Haase, Abgeordneter der Unabhängigen Sozialdemokratie, im Deutschen Reichstag vom 22. März 1918. In: Stenographische Berichte über die Verhandlungen des Reichstags. XIII. Legislaturperiode. II. Session. Band 311. Von der 126. Sitzung am 11. Oktober 1917 bis zur 147. Sitzung am 17. April 1918, Berlin 1918, S. 4554

EDUARD BERNSTEIN

Die Leiden des armenischen Volkes und die Pflichten Europas

Rede, gehalten in einer
Berliner Volksversammlung
am 26. Juni 1902

Eduard Bernstein

Vorwort

Indem ich die vorliegende, auf Veranlassung von Freunden der
armenischen Sache stenographisch aufgenommene Rede dem
Druck übergebe, kann ich nicht umhin, den in ihr am Schlus-
se ausgesprochenen Mahnworten eine gleiche Aufnahme von
seiten der Leser zu wünschen, wie sie in der überwiegend von
Arbeitern besuchten großen Volksversammlung fanden, vor der
die Rede gehalten wurde.

Die stoische Gleichgültigkeit, die man in Deutschland vielfach
selbst in demokratischen Kreisen der Erdrosselung des armenischen Volkes gegenüber an den Tag legt, ist im höchsten Grade
beschämend. Sie ist aber eine erklärliche Folge erstens des Um-
standes, daß wir in Deutschland in Fragen der auswärtigen
Politik überhaupt noch keine freiheitlichen Traditionen haben,
und zweitens der großen Verbreitung völlig unrichtiger Ansichten über das politische Wesen der Türkei und über dessen Rück-
wirkung auf die der türkischen Herrschaft unterworfenen Völker. Wie weit diese Vorurteile verbreitet sind, davon habe ich
mich gerade in den Wochen, die der erwähnten Versammlung
vorausgingen, wiederholt überzeugen können. Dies zur Erklärung dafür, warum ein so verhältnismäßig großer Teil der Rede
ihrer Bekämpfung gewidmet ist. Die unerhört grausamen Massenabschlachtungen in Armenien sollten an sich genügen, dem
Volke, an dem sie verübt werden, die hilfsbereite Sympathie
aller rechtlich Denkenden zu sichern. Sie erscheinen aber erst
in ihrem wahren Lichte, wenn man weiß, in welchem Zusammenhang sie mit dem ganzen politischen Regierungssystem in
der Türkei stehen und wie dieses selbst beschaffen ist.

Von dem Wunsch beseelt, der Demonstration zugunsten der
Armenier einen über die Grenzen der Partei hinausgehenden
Nachhall zu ermöglichen, habe ich in dieser Rede meiner sozialdemokratischen Anschauung nur so weit Ausdruck gegeben,
als es mir zur Begründung der Gesichtspunkte, unter denen
ich die armenische Frage betrachte, unumgänglich nötig erschien. Noch weniger, als irgendwo sonst in der Türkei, handelt
es sich heute in Armenien um spezifisch sozialistische Reformen;
ja, man kann da noch nicht einmal von bürgerlich-demokratischen Reformen reden. Die Forderungen, mit denen die Armenier sich unter den gegebenen Verhältnissen begnügen, beste-

hen in dem in der Beilage zum Memorandum der drei Großmächte England, Frankreich und Rußland vom 11. Mai 1895
von deren Botschaftern entwickelten Reformprogramm und sind
so gemäßigt, daß z.B. die dort verlangte Gemeindeordnung selbst
vom konservativsten ostelbischen Agrarier unterschrieben werden könnte. Das armenische Programm ist in jeder Hinsicht ein
Mindestprogramm – das Mindestmaß dessen, was das unglückliche armenische Volk braucht, um nicht völlig der gegen es
geführten Ausrottungspolitik zu erliegen. Es handelt sich in der
Tat hier um Leben und Sterben eines Volkes – und zwar eines
Volkes, das ehedem eine relativ hohe Kulturstufe erlangt hatte
und noch heute in seinen dem Druck der türkischen Mißwirtschaft weniger ausgesetzten Elementen eine bemerkenswerte
geistige Regsamkeit an den Tag legt.

Deutschland hat die *Pflicht,* diesem Volke beizustehen. In
der Reichshauptstadt Deutschlands und unter dem Vorsitz von
Deutschlands erstem Reichskanzler ward jener Vertrag ausge-
arbeitet und unterzeichnet, gemäß dem Deutschland mit dazu
berufen ist, die Ausführung der dort für Armenien verlangten
Schutzmaßregeln zu überwachen. Kein Lebensinteresse seiner
auswärtigen Beziehungen hindert heute Deutschland daran,
dieser Pflicht nachzukommen. Es braucht gar nicht selbst die
Initiative beim Sultan zu ergreifen, um den Armeniern zu helfen. Es braucht nur seine bisherige *Opposition* gegen alle von
anderen Ländern ausgehenden Vorschläge der Einwirkung auf
die Türkei zugunsten Armeniens *aufzugeben,* und der Widerstand des Sultans ist gebrochen. Der Sultan braucht Deutschland heute mehr, als dieses den Sultan. Etwas weniger Rücksicht auf seine Idiosynkrasien wird die handelspolitischen Beziehungen Deutschlands zur Türkei unberührt lassen.

Im übrigen sei auf die Rede selbst verwiesen, die freilich, um
keinen zu großen Umfang anzunehmen, sich auf die Kennzeich-
nung der Hauptgesichtspunkte beschränken mußte, die bei der
armenischen Frage in Betracht kommen. Einiges zur weiteren
Illustrierung des dort Gesagten findet der Leser im Nachtrage.

Berlin, den 4. Juli 1902   Eduard Bernstein

I.

Das Volk, um dessen Geschick es sich gemäß der Tagesordnung dieser Versammlung handelt bzw. mit dessen Leiden und Schicksal wir uns heute beschäftigen wollen, wohnt ziemlich entfernt von uns, abseits der großen Heeresstraßen des internationalen Verkehrs, und es ist noch gar nicht lange her, da wußten verhältnismäßig wenig Menschen davon, daß überhaupt dies Volk existierte. Noch viel weniger Leute aber wußten Genaueres darüber, wie es existierte, unter welchen Verhältnissen das armenische Volk sein Dasein fristet. Es nahmen an seinem Geschick nur eine verhältnismäßig kleine Anzahl von Geographen, von Historikern, von Kulturforschern der einen oder anderen Art stärkeren Anteil. Es mag daher vielleicht die Frage aufgeworfen werden: Haben wir nicht Leiden, Unterdrückung aller Art viel näher bei uns, mit denen wir uns zu befassen haben, als daß wir nötig hätten, weit hinaus zu gehen in ziemlich abgelegene Distrikte Kleinasiens und uns mit dem zu beschäftigen, was dort geschieht? Indessen sind die Verfolgungen, die grausigen und gewalttätigen Mißhandlungen, deren Opfer das armenische Volk gewesen ist und noch ist, so unerhörter Natur, daß sie die Teilnahme und den Protest aller Kulturnationen herausfordern. Haben sie doch selbst reaktionären Regierungen zeitweise das Gewissen geschärft und sie genötigt, sich mit dem Schicksal dieses Volkes zu befassen. Außerdem geht das Geschick, das Leben dieses Volkes uns auch heute in verschiedener Beziehung mehr an, als es den meisten von Ihnen auf den ersten Blick scheinen mag. Das armenische Volk steht im Mittelpunkt jener großen Frage, die man die orientalische Frage nennt und die zu irgendeiner Zeit wiederum von neuem die Kulturvölker ernstlich in Anspruch nehmen, den Frieden unter den westlichen Kulturnationen gefährden, einen neuen Streitapfel zwischen diese Nationen werfen und infolgedessen kulturhemmend wirken kann.

Es sind aber auch noch andere Gesichtspunkte, die es uns, ganz abgesehen von allgemein menschlichen Rücksichten, dringend nahelegen, uns mit dem Schicksal des armenischen Volkes zu befassen. Europa, und mit Europa das deutsche Volk, hat eine *direkte Verpflichtung* gegenüber dem armenischen Volk einzulösen. Unsere deutsche Reichsregierung hat im Verein mit anderen Regierungen Europas im Juli 1878 auf dem Berliner Kongreß, jener Zusammenkunft, welche die Großmächte nach Ablauf des letzten russisch-türkischen Krieges abgehalten haben, ganz bestimmte Verpflichtungen gegenüber dem armenischen Volk übernommen, und für die Akte der Regierungen sind heute nun einmal die Völker mit verantwortlich. Namentlich dann, wenn es sich um Forderungen der Menschlichkeit und Gerechtigkeit handelt und die Regierungen ihre eingegangenen Verpflichtungen nicht erfüllen, ist es die Aufgabe der Völker, die Regierenden energisch an die Einlösung ihrer Schuld zu mahnen. Die verfolgten, bedrückten und unterdrückten Armenier haben keine andere Hoffnung, als die auf die Hilfe, die ihnen von Europa wird; sie schauen geängstigt, hoffend und harrend auf das Tun der Großmächte, auf das Verhalten der großen Nationen, die durch den Berliner Vertrag verpflichtet sind, ihnen wirksam zu helfen gegen die Leiden, die sie erdulden müssen, gegen Verfolgungen, die auf weiter nichts abzielen, als das armenische Volk als Nation ganz und gar vom Erdboden verschwinden zu machen.

Sie werden alle wissen von dem russisch-türkischen Kriege von 1877/78, der damit endete, daß die Türkei nach tapferem Widerstand durch das mächtige, sie im Verein mit Rumänien und einigen slawischen Völkern bedrängende Rußland besiegt wurde. Rußland zwang der Türkei im März 1878 den Frieden von San Stefano ab und wurde durch ihn sozusagen der berufene Protektor der Armenier, d.h. der Schutzherr, dem von seiten der Türkei das Recht zuerkannt wurde, über das Wohl der auf ihrem Gebiet wohnhaften christlichen Bevölkerung zu wachen. Gegen Rußlands Absichten bei Erwirkung dieses Schutzrechts konnte und kann man nun sehr begründeten Verdacht haben; man kann ferner sehr gut zunächst die Frage aufwerfen, ob gerade Rußland das Recht habe, irgend einem Lande Vorwürfe zu machen, wenn es ihm unterworfene Völkerschaften unterdrückt. Man kann dies namentlich heute tun, wo wir sehen, wie Rußland in Finnland und anderwärts Nationalitäten gegenüber, gegen die es heilige Verträge zu halten hat, diese Verträge mit Füßen tritt; wie Rußland ebenso Nationalitäten ausrotten, ebenso gewaltsam russifizieren will, wie in Türkisch-Armenien entnationalisiert wird. Aber das ist eine Angelegenheit, die bei der Gestalt, die die armenische Frage neuerdings angenommen hat, auf einem anderen Blatte steht; für das armenische Volk wenigstens, für die Christen in der Türkei, hat Rußland in der Tat sich wiederholt als schützende Macht erwiesen. Aus welche Motiven es geschah, ist für die Betreffenden ganz gleichgültig, denn die Völker fragen nicht, wenn sie leiden: Warum hilfst Du mir? – sondern sie wollen zunächst einmal gerettet sein. Und wenn Europa 1878 auf Veranlassung des englischen Staatsmannes [Benjamin] Disraeli gegen den Vertrag von San Stefano einschritt, Rußland mit dem Berliner Vertrag der Sonderpflicht enthob, über die Armenier zu wachen und diese Pflicht auf sich nahm, nun, dann muß eben diese Verpflichtung doppelt eingelöst werden. Dann hat eben dieser Berliner Vertrag die Armenier eines Beschützers, auf den sie damals wenigstens einigermaßen rechnen durften, *beraubt* und an seine Stelle das Konzert von Europa gestellt, das sich als sehr schlechter Hüter der Armenier bewährt hat, als ein viel schlechterer Hüter, wie wenn der Vertrag von San Stefano in Kraft geblieben wäre. Das müssen wir anerkennen, so sehr wir sonst Gegner der russischen Regierung sein mögen.

Nun haben sich ja Leute gefunden, die überhaupt bestritten haben, daß die christlichen Völkerschaften in der Türkei bedrückt seien, die dem türkischen Volke besonders gute Eigenschaften nachrühmen und meinen, die Verfolgungen seien nicht so schlimm, es seien meist nur russische Agenten, die in den betreffenden Provinzen Unruhe stiften und die die türkische Regierung notgedrungen niederhalten müsse. Das ist aber eine sehr irrige Schlußfolgerung. Daß Rußland in der Türkei Agenten unterhält, untersteht gewiß keinem Zweifel; Rußland hat von jeher danach gestrebt, Konstantinopel zu erobern und sich zum Herrn des Schwarzen Meeres und dadurch des Mittelmeeres zu machen. Darüber wollen wir uns durchaus nicht täuschen. Aber wir müssen uns davor hüten, einseitig auf Rußland den Blick zu richten und uns dadurch blind zu machen für das, was auf türkischer Seite verbrochen wird. Wir, wenigstens meine Persönlichkeit und die Einberufer dieser Versammlung, wir haben keinerlei Vorurteile gegen die türkische Nation als solche. Im Gegenteil, wir empfinden ebensosehr für das türkische, wie für das armenische Volk. Es handelt sich also für uns, wenn wir von der Türkei sprechen, nicht etwa um die Masse des türkischen Volkes, es handelt sich vielmehr um das türkische Beamtentum, um die türkische Regierung und das ganze türkische Regierungssystem. Wer aber das letztere näher betrachtet, wer namentlich die Entwicklung verfolgt, die es im Laufe des letzten Jahrhunderts durchgemacht hat, dem kann es gar nicht verborgen bleiben, daß es ein durchaus verrottetes und unfähiges Regierungssystem ist, ein System, das den Völkern in der Türkei unterschiedslos zum größten Unheil gereicht. Das türkische Regiment läßt die ihm unterstellten Völker nicht zur vollen Entfaltung ihrer Kräfte kommen; unter ihm sehen wir Provinzen, die, wie ganze Distrikte Armeniens, ein Paradies sein könnten, teils in der Kultur zurückbleiben und teils ganz veröden. Ich bin der letzte zu leugnen, daß das türkische Volk auch große Eigenschaften besitzt und sie öfter bewiesen hat, aber wir dürfen nicht nach der Oberfläche der Dinge urteilen. Was sind die großen Eigenschaften des türkischen Volkes? Es sind, wie z.B. eine gewisse Noblesse, ein stolzes Empfinden, zumeist die Eigenschaften von *Eroberern;* aber wenn wir näher zusehen und prüfen, woher und auf wessen Kosten sich diese Eigenschaften entwickelt haben, so werden wir sehen, daß diese Noblesse zum größten Teil auf Kosten unterdrückter Völkerschaften entfaltet wird, auf denen die türkische Eroberung wie ein ehernes Joch lastete und lastet.

Man hat viel von der Toleranz der Türken gegenüber anderen Religionen gesprochen; als Beweis für diese Toleranz führt man an, daß die christlichen Völkerschaften, die jahrhundertelang unter türkischer Herrschaft gestanden haben, auch heute noch bestehen und sich ihre Religion erhalten haben. Die Tatsache selbst ist richtig. Die slawischen Völker des Balkans haben unter der türkischen Herrschaft ihre Nationalität bewahrt. Dasselbe gilt von vielen Völkern Kleinasiens. Aber einerseits war das die Folge davon, daß die Türken nicht imstande waren, als Eroberervolk und kein Kulturvolk im wahren Sinne des Wortes diese Völkerschaften zu assimilieren, und zweitens rührt es daher, daß die Herrschaft der türkischen Sultane zum großen Teil sich auf dem Grundsatz aufbaute, die nichttürkischen Völkerschaften einer größeren Ausbeutung zu unterwerfen, als die eigenen Volksangehörigen. Das türkische Regiment war bis in die neueste Zeit hinein im wesentlichen eine Militärherrschaft. Die türkische Rasse bildet in der Türkei selbst heute noch eine Minderheit der Bevölkerung, es ist eine Rasse, die zum großen Teil aus Staatsmitteln erhalten werden mußte. Die Lasten dafür legte man den andern Völkern auf, und man konnte dies um so mehr, als gerade sie Nichtgläubige waren, denn der Nichtgläubige hat in der Türkei bis in die Mitte des 19. Jahrhunderts hinein gesetzlich grundsätzlich nicht dieselben Rechte gehabt, wie der mohammedanische Türke. Er war als Staatsangehöriger minderwertig, er durfte nicht Waffen tragen und hatte viel höhere Steuern zu entrichten, als die mohammedanisch-türkische Bevölkerung. Eine solche höher zu besteuernde Bevölkerung brauchte die türkische Regierung, sie brauchte sie vom Ende des 18. Jahrhunderts an um so mehr, als sie von da ab ihre Macht schwinden sah, als ihr ganzes Regierungssystem immer mehr in Widerspruch geriet mit der Kulturentwicklung des übrigen Europa, als in diesem höhere wirtschaftliche Systeme aufgekommen sind, denen sich anzupassen die Türken bisher unfähig waren. Unter diesen Umständen wurde von Epoche zu Epoche das türkische Joch für die ihm unterworfenen Völkerschaften immer schwerer.

Es ist hier noch ein Zweites in Betracht zu ziehen. Die Religion des türkischen Volkes ist der Mohammedanismus. Nun herrschen bei uns in Europa vielfach große Vorurteile zugunsten des Mohammedanismus. Aus Gegnerschaft gegen das, was wir vom Christentum in der Geschichte gesehen haben, hat man unter Bezugnahme auf bestimmte Vorgänge in den mohammedanischen Ländern den Schluß gezogen, daß der Mohammedanismus bessere Vorschriften habe, als das Christentum, alles in allem diesem überlegen sei. Das ist aber auch wiederum ein großer Irrtum. Ich will Sie hier nicht in eine religionsphilosophische Untersuchung verwickeln, mich hier nicht mit dogmatisch-theologischen Fragen befassen, aber das Folgende ist unbedingt zu berücksichtigen. Wenn man von der kulturellen Leistungsfähigkeit des Mohammedanismus spricht, so hat man vorzugsweise die mohammedanisch-arabische Kulturperiode am Ausgang des Mittelalters im Auge. Damals haben allerdings die arabischen Mohammedaner Bedeutendes geleistet, aber das war weltgeschichtlich nur eine vorübergehende Epoche, wo der Mohammedanismus noch in erster Blüte stand und der direkte Erbe war der ägyptisch-alexandrinischen Kultur. Der Mohammedanismus hat auch unzweifelhaft ganz ausgezeichnete Vorschriften; wenn Sie den Koran durchlesen, werden Sie auf herrliche Sätze stoßen, ganz ebenso wie in den Lehrgebäuden des Christentums. Wenn ein sonst modernes Kulturvolk den Mohammedanismus annehmen wollte, so würde es, glaube ich, mit ihm oder trotz seiner ganz dieselben kulturellen Fortschritte machen können, wie bei der christlichen Religion. Die Religionen haben nicht den allgewaltigen Einfluß, den man ihnen vielfach zuschreibt, sie können jedoch allerdings unter Umständen kulturhemmend oder kulturfördernd wirken.

Der Mohammedanismus hat lange Zeit nicht kulturhemmend gewirkt, aber später hat er sich gerade in den Ländereien der Türkei fortschrittsfeindlich gezeigt. Er ist in Arabien entstanden, er ist die Religion eines im großen und ganzen Viehzucht treibenden Nomadenvolkes, eines Volkes, bei dem auch der Handelsstand noch ein ziemlich unstetes Leben führt, wie wir dies bisher im Orient sahen und wie es in Afrika überwiegt. Diesen Volksbedürfnissen paßt sich der Mohammedanismus ungemein an. Wie wenig aber irgendein Religionsdogma an sich imstande ist, auf die Kultur einen maßgebenden Einfluß auszuüben, das lehrt eine Tatsache, die hier noch erwähnt sei. Eines der Hauptdogmen, einer der Hauptglaubenssätze des Mohammedanismus ist die Vorstellung von der *Vorherbestimmung*, die Lehre von der Prädestination, d.h. die Auffassung, daß die Geschicke des Menschen vorherbestimmt seien, daß niemand seinem Schicksal entgehen könne. Ob und wie ich morgen sterben soll oder leben, das ist nach dieser Lehre alles vorherbestimmt, dem kann ich nicht entgehen. Dieser Glaube an das unabwendbare Geschick, an das Kismet, ist eine der Hauptgrundlagen der mohammedanischen Religion. Ein ähnliches Dogma nun hat eine andere Religion, die wir in Europa stark vertreten gesehen haben und sehen: der Calvinismus. Auch der Calvinist glaubt, daß nichts eines Menschen eigenes Verdienst, sondern daß all sein Tun und Lassen vorherbestimmt sei, so daß selbst, wenn sich der Mensch zur calvinistischen Religion bekehre, dies ein Gnadenakt von Gott sei. Der Mensch mußte sich eben bekehren kraft göttlicher Vorherbestimmung, der Übertritt war in keiner Weise sein eigenes Verdienst. Nun ist eins merkwürdig. Wer hat seiner Zeit den Calvinismus in Europa angenommen? Die französischen Hugenotten, die Schweizer Reformierten, die Holländer, die Schotten und ein großer Teil der Engländer. Das waren alles sehr energische Volksteile oder Nationalitäten, die an der Spitze der damaligen Kultur standen und sich zum Teil mächtig weiter entwickelt haben, die noch Jahrhunderte hindurch kraftvoll gerade die moderne Entwicklung vertraten, während im Orient fast dieselbe Auffassung allmählich einen erschlaffenden Fatalismus zur Folge hatte. Abgesehen davon, daß die Auffassung vom Kismet im Verein mit einer grobmaterialistischen Jenseitsvorstellung unter Umständen den Krieger in der Schlacht dem Tod mutiger ins Auge schauen ließ, hat sie auf das türkische Volk im hohen Grade geistig einschläfernd gewirkt. Umgekehrt hat dagegen der Calvinismus geradezu revolutionär gewirkt, denn die Reformation ist vornehmlich erkämpft worden durch die Calvinisten, und auch später führten diese die großartigsten Kämpfe für die politische Freiheit. In Europa herrschen eben ganz andere allgemeinkulturelle Verhältnisse, darunter namentlich auch andere Wirtschaftsbedingungen, und deshalb wirkte und wirkt dieselbe Auffassung nach ganz anderer Richtung hin, als in der Türkei. Noch heute ist der Mohammedanismus mit seinen maßgebenden Satzungen und Vorschriften in der Türkei durchaus nichts weniger, als ein kulturfördernder Faktor.

Aber dieser Punkt wäre schließlich eine Sache des türkischen Volkes selbst. Wir sind in diesem Saale keine Missionsgesellschaft, die Frage der Abrechnung mit jenen Dogmen würde das türkische Volk soweit, mindestens formell, mit sich selbst abzumachen haben. Nun liegt jedoch die Tatsache vor, daß in der Türkei kraft der Satzungen des Mohammedanismus die Nichtgläubigen zwar nicht verfolgt werden sollen, aber nicht auch das gleiche Recht genießen sollen, wie die Gläubigen. Die Türkei ist ihrer Verfassung nach eine Despotie, ihr Regierungssystem ist mindestens so absolutistisch wie das Rußlands, und zwar ist es eine cäsaropapistische Despotie. Der Sultan ist gleichzeitig Oberhaupt des Staates in politischen wie in kirchlichen Dingen, er ist der Theorie nach der absolute Herrscher über alle Gläubigen. Das ganze derzeitige politische Wesen der Türkei beruht auf dieser Auffassung, und daher zum großen Teil der hartnäckige Widerstand des Sultans und seiner weltlichen und kirchlichen Satrapen gegen jeden wirklichen politischen Fortschritt in der Türkei.

Unter *diesem* Gesichtspunkt müssen wir die türkischen Verhältnisse betrachten. Wir dürfen uns ihnen gegenüber nicht von Vorurteilen gegen die christliche Religion leiten und etwa aus Haß gegen reaktionäre christliche Priester dem Mohammedanismus und damit seiner politischen Repräsentantin, der offiziellen Türkei, besondere Sympathie angedeihen lassen. Die Türkei als Staatswesen befindet sich seit dem 18. Jahrhundert in stetig fortschreitendem Verfall. Erst im Kampf mit ihren eigenen Janitscharen, die von Zeit zu Zeit revoltierten, dann immer stärker bedroht von Rußland, sahen sich die aufeinanderfolgenden türkischen Regierungen genötigt, einen immer stärkeren ökonomischen Druck auf die der Türkei unterworfenen Völker auszuüben, und dieser Druck erzeugte naturgemäß Gegendruck. Die Ersten, die sich im 19. Jahrhundert lebhafter gegen den Druck der Türkei auflehnten, waren die Griechen. Was war die erste Folge ihrer Befreiungsbewegung? Wenn Sie dieser Frage nachgehen, so werden Sie auf die Antwort stoßen, welche die türkischen Machthaber immer vorrätig haben, sobald ein Volk den Kampf gegen ihr Regiment ernsthaft aufzunehmen versucht. Kommt es erst dahin, daß sich aus der Mitte eines solchen Volkes starke Unabhängigkeitsbestrebungen in drohender Gestalt Luft machen, dann erfolgt auch alsbald behufs Einschüchterung der Rebellen ein gewaltiger Aderlaß in Form eines Massenblutbades, dann lassen die türkischen Gewalthaber, je nachdem, ihre regulären oder irregulären Truppen auf die in ihrer großen Mehrheit unbewaffneten Ungläubigen los, da verstehen sie es, den Fanatismus der abergläubigen Massen bis zur Siedehitze gegen die „ungläubigen Hunde" zu erregen. Und so fand denn 1822 das *Blutbad auf Chios* statt, wo unter der Leitung des türkischen Großadmirals nach mäßigster Schätzung über 20000 wehrlose Griechen in grausamster Weise abgeschlachtet wurden. *(Stürmisches allgemeines Pfui!)* Das von empörenden Greueltaten begleitete Gemetzel erregte damals einen Schrei des Entsetzens durch ganz Europa. Ganz Europa begeisterte sich für die Griechen, und die Griechen wurden nach schweren Kämpfen des Jochs der Türkei entledigt.

Wenn ich hier schlechtweg von der Türkei spreche, so richtet sich das erstens, wie noch einmal bemerkt sei, nicht gegen das türkische Volk in seiner Allgemeinheit, und zweitens soll auch nicht verschwiegen werden, daß es in der Türkei zu allen Zeiten erleuchtete Staatsmänner gegeben hat, die wirkliche Reformen durchführen wollten, Männer, die den besten Willen hatten, die der Türkei unterstellten Völkerschaften geistig und materiell vorwärts zu bringen. Es wurden von Zeit zu Zeit von einzelnen erleuchteten Regierenden oder Sultanen sehr gute Verfügungen erlassen, so 1839 von Abd-ul-Medschid bzw. dessen Minister Reschid Pascha das berühmte Hattischerif von Gülhane, das im ganzen Gebiet der Türkei Religionsgleichheit herstellen sollte. Wir sind ja im übrigen Europa selbstverständlich heute alle Anhänger der Religionsgleichheit insofern, als niemand seiner Religion wegen staatsrechtlich unterdrückt werden soll. Es kommt aber im Orient zu diesem Schutz noch ein zweites Moment hinzu, das der Bestimmung erhöhte Wichtigkeit verleiht: die *Religion* fällt dort vielfach zusammen mit der spezifischen *Nationalität*, sie ist das Band, das die unter dem türkischen Joch zerstreut lebende Nationalität zusammenhält, sie hat also für die Völker dort eine noch viel höhere Bedeutung, als seinerzeit für die Völker in Europa, sie hat nicht nur die Bedeutung einer Hoffnung auf das Jenseits oder den Wert eines Sittenkodexes, sondern sie ist auch eines der stärksten Mittel, den Nationalitäten ihre Besonderheit zu erhalten. Das haben wir gegenüber der Religionsfrage im Orient zu berücksichtigen, wir müssen die Religion dort anders ansehen, als hierzulande. Im späteren Mittelalter hat die Religion auch in Europa eine solche Rolle gespielt, in den großen Freiheitskämpfen zu Ausgang des Reformationszeitalters fiel die religiöse Reformation vielfach zusammen mit der nationalen und politischen Freiheitsbewegung. Die religiösen Reformen waren zugleich politische Reformen, und das namentlich in den Ländern, die den Calvinismus akzeptierten. Nirgend waren die Völker so republikanisch gesinnt, wie in den calvinistischen Ländern. Die große englische Revolution von 1642 bis 1649, nach deren Beispiel Frankreich später seine Revolution hatte, ward ausgefochten im calvinistischen Geist. Der Calvinismus aber begeisterte sich damals am alten Testament, das ja in der Tat republikanisch gestimmt ist, dessen erste Propheten höchst republikanische Ansichten verfochten. Aus dem alten Testament entnahmen die Calvinisten ihre politischen Ideale und fochten sie durch gegen die absolutistischen Regierungen. Eine ähnliche Rolle spielt selbst heute noch in jenen Ländern die Religion gewisser kirchlicher Sekten.

Es suchten also einige Sultane eine gewisse Gleichberechtigung der Religionen in der Türkei herzustellen. Sie stießen sich aber teils am Fanatismus des eigenen Volkes und teils an dem Widerwillen ihrer herrschenden Stände: der organisierten Priesterschaft und der herrschenden Schichten des militärischen und zivilen Beamtentums. An diesen Widerständen brach sich der gute Wille aller besseren türkischen Staatsmänner. Wenn sie Reformen durchzuführen versuchten, war es gewöhnlich die organisierte Priesterschaft, die sich ihnen entgegenstellte und den Fanatismus der ungebildeten Massen entflammte, und auf der anderen Seite sorgten die Masse der Paschas und ihre Subjekte dafür, daß die Reformen entweder einfach nicht durchgeführt oder in ihr Gegenteil verkehrt wurden. So kam es, daß sich um das Jahr 1860 eine kleine, aber regsame christliche Sekte, die der Maroniten in Syrien, genötigt sah, gegen den Druck, der auf ihr lastete, Widerstand zu leisten, und die Antwort war, obwohl 1856 ein Edikt (das Hatt-i-Humayum) erlassen worden war, welches die Religionsgleichheit erweitern und befestigen sollte, die Veranstaltung eines Blutbades im Libanon, dem 6 000 Christen zum Opfer fielen. Natürlich intervenierte Europa, vor allem Frankreich, das sich als spezieller Hüter der Maroniten fühlt, aber die Toten stehen nicht wieder auf, und das System dauerte in alter Weise fort.

Angesichts der wachsenden Geldbedürfnisse der Türkei lastete ihr Joch immer stärker auf den Völkern, die im Balkan wohnen und die zum Teil schon eine höhere Kultur haben, als die türkischen Völker in Kleinasien. So fingen in den siebziger Jahren die Serben und später die Bulgaren an, sich zu regen. Die Serben, die schon nach dem Krimkrieg eine weitgehende Unabhängigkeit erlangt hatten, wollten sich ganz von der Türkei loslösen, die Bulgaren wollten das Recht der nationalen Selbstregierung haben, – wenn es sein mußte, allenfalls unter der Oberherrschaft der Türkei. Nun will ich durchaus nicht bestreiten, daß auf dieser Seite damals auch gesündigt worden ist, daß diese aufständischen Völker vielfach, durch Leidenschaft hingerissen, sich an unter ihnen lebenden Mohammedanern schlimm vergangen haben, und wo derartiges geschehen ist oder noch geschieht, mißbilligen wir es auf das schärfste. Wenn es sich z.B. bewahrheiten sollte, daß in Kreta heute die Mohammedaner vergewaltigt werden, so werden wir unsere Stimme ebenso laut für den Schutz dieser Mohammedaner erheben, wie früher für die Befreiung der Kretenser. Aber die Ausschreitungen der Bulgaren waren Winzigkeiten im Verhältnis zu der an ihnen von der Türkei nach altem Muster genommenen Rache. Im Jahre 1876 wurden durch türkische Irreguläre (Baschi-Bosuks) *Massenblutbäder in Bulgarien* ins Werk gesetzt; es sind nach geringer Schätzung damals 12-15 000 Bulgaren abgeschlachtet worden, teilweise unter den gräßlichsten Greueln, die man sich nur vorstellen kann. Da brach denn der russisch-türkische Krieg aus, die Türkei wurde besiegt, und den Bulgaren winkte tatsächliche Befreiung. Da legte sich Europa ins Mittel, angeführt von der damaligen englischen Regierung: es wurde der Berliner Kongreß einberufen, der nun auf europäischer Grundlage die Zustände in der Türkei regeln sollte. Diese europäische Regelung hat, wie schon gesagt, dem armenischen Volk nicht nur nicht genützt, sondern nach heute allgemeiner Ansicht sogar sehr geschadet. Aber auch den europäischen Slawen, den Balkanvölkern, hat die Art, wie „Europa" damals die Dinge regelte, außerordentlich wenig Nutzen gebracht. Sie hat ihrer Entwicklung, wie die Erfahrung gezeigt hat, sehr viel mehr Schwierigkeiten in den Weg gelegt, als der Vertrag von San Stefano mit sich gebracht hätte. Der Berliner Vertrag hat die bulgarischen Dinge in der wahnsinnigsten Weise von der Welt geordnet. Ein Teil Bulgariens erhielt eine gewisse nationale Selbständigkeit unter türkischer Oberhoheit, ein anderer blieb als quasi autonome Provinz türkisch, ganze Distrikte aber mußten auf jede Selbstverwaltung verzichten. Die so politisch Geschiedenen wohnen aber geographisch hart nebeneinander. Da ist es also ganz selbstverständlich, daß sie immer wieder danach streben werden, mit ihren Stammesbrüdern dauernd politisch vereint zu werden. Das europäische Konzert hat seine Staatskunst damals dadurch bewiesen, daß es für alle schwebenden Fragen nur von halben Lösungen wissen wollte, die bekanntlich oft schlimmer als gar keine Lösungen sind, und wir haben ja denn auch gesehen, daß nach ganz kurzer Zeit überall im Balkan wieder neue Unruhen ausbrachen. Auch heute herrscht dort noch derselbe Zustand ewiger Unsicherheit; der Balkan kann unter den gegebenen Verhältnissen nicht zur Ruhe kommen. Nicht einmal der Türkei hat der Berliner Vertrag genützt, denn ihr erwachsen durch die Pflicht, überall Soldaten auf den Balkan zu postieren, furchtbare Lasten, die das ohnehin finanziell ausgepreßte Land erdrücken. Nichts gelöst, niemand befriedigt, neuen Zündstoff geschaffen, das war die großartige Leistung des Berliner Vertrages. Und was speziell die *Armenier* betrifft, die der Vertrag unter den Schutz *aller* Mächte gebracht hat, so hat sich an ihnen wieder einmal das Sprichwort bewahrheitet, daß viele Köche den Brei verderben. Sie haben das Meisterwerk der Diplomatie von 1878 teuer bezahlen müssen, sie drohen *an ihm gänzlich zu verbluten. (Bewegung.)*

II.

Die Zustände in Türkisch-Armenien sind bald geschildert. Das armenische Volk lebt verhältnismäßig zerstreut in der Türkei, aber dicht gedrängt in den Teilen, die einst das alte Armenien gebildet haben. Von dem früheren Armenien gehört heute ein Teil zu Rußland, ein Teil zu Persien und ein anderer, der größte Teil, zur Türkei. Wie stark die armenische Bevölkerung in der Türkei ist, ist eine vielumstrittene Frage. Die offizielle türkische Statistik gibt die Zahl für Kleinasien auf 7-800 000 an, aber diese Statistik ist nach sehr äußerlichen Merkmalen aufgenommen, meist auf Grund der Zahl der Häuser; es wird eine Durchschnittszahl von Bewohnern angenommen, die vielleicht den türkischen Verhältnissen entspricht. Nun lebt aber ein großer Teil des armenischen Volkes in noch sehr primitiven Verhältnissen, wie sie der Gentilverfassung entsprechen, wo es vorkommt, daß drei und vier Generationen einer Familie in einem Hause zusammen wohnen, so daß im Durchschnitt die Behausungszahl nicht, wie in der europäischen Türkei, sieben bis acht Personen, sondern das Doppelte und Dreifache beträgt.* Nach glaubwürdiger Schätzung von Fachleuten muß man annehmen, daß vor den großen Metzeleien über 2 000 000 Armenier in Türkisch-Armenien gelebt haben. Wie aber leben nun diese Leute? In den Städten, von denen einige bis zu 60 000 Einwohner haben, ist das Leben ähnlich beschaffen, wie vielleicht vor hundert Jahren in europäischen Städten, mit gewissen Unterschieden, wie sie durch die anders gearteten klimatischen Verhältnisse bedingt sind. Die Masse der Bevölkerung lebt jedoch auf dem Lande in ziemlich primitiven Verhältnissen, mehr als 80 % des armenischen Volkes sind Kleinbauern und Handwerker. Danach hat man die weitverbreiteten Legenden über die soziale Lage und die Erwerbsquellen des armenischen Volkes zu berichtigen, die aus allen Armeniern Großkaufleute, Wucherer und Gott weiß was noch alles machen. Wahr ist nur so viel, daß in der Tat unter den Armeniern, die nicht in Armenien wohnen, sondern in

---

* Die türkischen Beamten geben, wie allgemein bekannt, die armenische Bevölkerung deshalb gern möglichst niedrig an, weil sie dann weniger Steuern nach Konstantinopel abzuliefern haben.

anderen Teilen der Türkei, eine große Zahl Kaufleute sind, darunter auch solche, die sich als sehr geriebene Kaufleute herausgestellt haben, genau so, wie man es bei den Griechen und anderen Nationen findet. Ähnliches hat sich ja bei fast allen Nationen gezeigt, die geistig rege sind und in ihrer Heimat politisch Staatsangehörige zweiter Klasse waren. In klassischer Weise zeigte es sich bei einer religiösen Sekte, die bei ihrem Entstehen durchaus ethisch, ja, fast sozialistisch gesinnt war: bei den Quäkern in England. Die Quäker leisteten keinen Eid, infolgedessen konnten sie in England kein Staatsamt bekleiden; auch gehörte es zu ihren Satzungen, kein Staatsamt anzunehmen. Ihre streng religiösen Vorschriften verboten ihnen, Soldat zu werden, sie konnten nicht einmal an den englischen Universitäten studieren, denn bis in die Mitte des 19. Jahrhunderts konnte an den Universitäten Englands nur studieren, wer sich zur Staatskirche zählte; die Gegner der Staatskirche konnten also keinen höheren akademischen Beruf ergreifen, kein Staatsamt annehmen, keine Militärs werden. Was blieb ihnen übrig? Diejenigen, die geistig rege waren und sich weiterbildeten, wurden Kaufleute und teilweise bessere Kaufleute, als die übrige Bevölkerung. Auf diese Weise haben es denn die Quäker von einer ursprünglich proletarischen Sekte dahin gebracht, daß ihre Gemeinde heute äußerst wohlhabend ist. So ist es auch vielfach im Orient zugegangen. Volkselemente, die sonst unterdrückt wurden, aber an sich geistig regsam waren, mußten sich irgendwie betätigen, und da fiel naturgemäß der Handel in ihre Hände. Aber die Kaufleute, Bankiers etc. sind, wie jedem Einsichtigen übrigens die einfachste Überlegung von selbst sagen muß, eine kleine Oberschicht unter den Armeniern. Die große Masse des Volkes besteht aus Ackerbauern, und diese vor allen Dingen sind in Türkisch-Armenien am schwersten bedrückt; sie werden verfolgt, in schlimmster Weise ausgebeutet, und ihnen muß daher endlich einmal Hilfe werden.

Ich wiederhole, formal sollen die türkischen Armenier nach den Statuten, welche die Türkei im Laufe der Zeit unter dem Druck des europäischen Einflusses erlassen hat, gleichberechtigte Staatsbürger sein, aber die maßgebenden Beamten der Türkei haben es verstanden, die betreffenden Gesetze einfach nicht in Wirksamkeit treten zu lassen, ja, sie in ihr direktes Gegenteil zu verkehren; nach dem Buchstaben der Grundgesetze wären die Armenier den Mohammedanern gleichgestellt, faktisch sind sie es nicht. Sie unterstehen vor allem der Herrschaft des türkischen Steuersystems, das mit einem Druck auf ihnen lastet, von dem man sich *kaum eine Vorstellung machen* kann. Lassen Sie mich einige Tatsachen über die Steuern vorlesen, die der armenische Bauer in Türkisch-Armenien zu entrichten hat. Es gibt für ihn zwei Arten von Steuern, *gesetzliche* und *ungesetzliche*. Sie müssen aber nicht glauben, daß die gesetzlichen Steuern solche sind, die ihre bestimmte Grenze haben, auch sie sind willkürlich dehnbar, im schlimmsten Sinne des Wortes *elastisch*. Der nichtmohammedanische armenische Bauer hat zuerst zu entrichten den *Badaliath*, eine *Kopfsteuer*, die jeder Nichtgläubige dafür zu entrichten hat, daß er keinen Militärdienst zu leisten braucht. Insofern ließe sich diese Steuer allenfalls rechtfertigen, wenngleich in der Enthebung vom Militärdienst eine politische Demütigung liegt, die den Enthobenen als minderwertig erscheinen läßt. Außerdem wird diese Steuer so erhoben, daß sie schon für Neugeborene bezahlt werden muß. Ferner werden die Bauern öfter bei Wegebauten etc. zu *Frondiensten* herangezogen, die als Ausgleich für den Militärdienst bezeichnet werden, müssen aber daneben doch noch die Personalsteuer entrichten. Eine zweite Steuer ist die *Familiensteuer,* das sogenannte *Salian*, die nach Dörfern und Städten ausgeschrieben und von den Stadt- und Dorfgemeinschaften der Armenier selbst umgelegt wird. Sie helfen sich da gegenseitig dadurch, daß die wohlhabenden Familien die Steuer für die Ärmeren mit entrichten, es herrscht eben unter ihnen eine starke Solidarität. Aber wenn die Steuer, deren Höhe nach den Bedürfnissen des Staates und der *Beamten* bestimmt wird, über eine gewisse Grenze emporgeschraubt wird, stockt dafür die Entwicklung des ganzen Dorfes. Ferner sind zu entrichten eine *Gebäudesteuer* und eine *Grundsteuer – Arasia –*, welch letztere erhoben wird nach der Fläche, nicht nach dem Wert des Bodens, dann eine *Tiersteuer* auf alle Arten Haustiere, die sich so bemißt, daß z.B. für ein Schaf, das ja verhältnismäßig geringen Wert hat, fünf Piaster, d.h. etwa eine Mark jährlich zu zahlen ist. Zu diesen, zur Not ertragbaren Steuern kommt aber die den Bauer unerträglich drückende *landwirtschaftliche Ertragssteuer,* genannt *Imthias*. Was nur der Bauer dem Boden an Produkten abgewinnt, davon muß er einen Teil an *Steuereintreiber* abgeben, der gesetzlich höchstens ein Achtel ausmachen soll, faktisch aber zwanzig, vierzig, ja selbst sechzig und mehr Prozent des Bruttoertrages ausmacht. So wird auf den Bauer mittels der Steuern ein kolossaler Druck ausgeübt, der ihn zur Verzweiflung treibt. Wären die Steuern wenigstens leidlich regelmäßig geordnet, so würden die Armenier sie mit orientalischer Geduld ertragen, aber das ist eben nicht der Fall. Die Türkei ist in Gouvernements – Vilayets – eingeteilt, von denen jedes unter einem Pascha steht. Die Regierung in Konstantinopel hat aber fast nie Geld, sie zahlt daher dem Pascha nichts, dieser will jedoch nach alter Gewohnheit den großartigsten Aufwand machen und noch gehörig auf die Seite bringen. Kommt nun sein Gehalt nicht, so drückt er mit so größerer Wucht auf seine Unterbeamten, und dieser Druck überträgt sich in nach unten steigender Zunahme auf die arme Bevölkerung. Die Steuererträge werden, wie im 18. Jahrhundert vielfach in Europa, *verpachtet* und zwar auf dem Wege der *Auktion* an den *Meistbietenden,* der sie mit Hilfe von Gendarmen eintreibt. Nun können Sie sich denken, was das für denjenigen heißt, der die Steuer zu entrichten hat, denn auch der Steuerpächter will doch schließlich noch ein gutes Geschäft machen. Von Jahrzehnt zu Jahrzehnt ist diese Last gestiegen, und immer stärker drückte sie auf den armenischen Bauer, schließlich einmal wehrt sich aber selbst der Zahmste, wenn ihm der Druck den Atem austreibt. Wir können auch nicht verlangen, daß die Menschen unter solchen Verhältnissen Engel seien. Das Waffentragen ist den armenischen Bauern, wie wir sahen, verboten, sie haben dadurch im Laufe der Zeit die Tugenden des Kriegers verlernt und wohl manche Eigenschaft des Sklaven erworben, denn als Sklaven wurden und werden sie eben behandelt.

Mit dem bisher Geschilderten ist jedoch der auf dem armenischen Volk lastende Druck noch nicht zu Ende. Der größte Teil des armenischen Gebiets der Türkei liegt an den Abhängen der Gebirgsketten, die sich vom Ararat her westwärts ziehen. Auf den östlichen Gebirgshöhen wohnen die Kurden, und weiter westlich die Tscherkessen, mohammedanische Hirtenstämme, welche die Sitten von Nomaden haben, rauflustige Krieger sind, Waffen tragen und mit denen selbst die türkische Regierung niemals fertig wird. Sie sind die Geißel der Talbewohner. Der Kurde betrachtet den armenischen Bauern als seine milchende Kuh. Wenn dessen Vieh Junge bekommen hat, kommt der Kurde bzw. der Tscherkesse und erpreßt einen Teil davon als Tribut von dem Bauern. Ehedem haben sie darin immer noch ein gewisses Maß beobachtet. Weil sie sich gesagt haben: Wir brauchen den Bauer, haben sie ihm nicht das Letzte genommen. Seitdem aber die Geldwirtschaft in den Orient eingedrungen ist, wollen sie auch Geld haben, suchen auch sie immer mehr aus dem Bauer herauszupressen. Es haben daher, wo die Armenier sich Waffen zu verschaffen wußten, schon häufig blutige Kämpfe stattgefunden zwischen ihnen und ihren Bedrückern, und man wird es begreifen, warum im allgemeinen keine große Liebe zwischen den Armeniern und den anderen herrscht, sondern bitterer Haß. Die Kurden blicken gleich den Türken auf die Armenier mit Verachtung als auf eine minderwertige Rasse, und dasselbe tun die Tscherkessen etc.

So steigern sich die Belastung und Bedrückung des armenischen Volkes von Jahr zu Jahr, und die Regierung in Konstantinopel ist, selbst wenn sie den redlichen Willen hätte zu helfen, bei dem heutigen Regierungssystem einfach ohnmächtig dagegen. Was aber ist der erste sittliche Rechtstitel, den eine Regierung überhaupt hat und haben muß? Es ist der, daß sie den Willen und die Fähigkeit hat, die Staatsangehörigen in Bezug auf *Leben* und *Eigentum* gegen Gewalttätigkeiten sicherzustellen. Wenn eine Regierung diese elementarste Aufgabe nicht erfüllen kann, so mag sie von vornherein abdanken. Das aber hat die Regierung des Sultans bis heute noch nicht gekonnt, sie hat die Armenier nicht schützen können gegen die Vergewaltigung durch Kurden und Tscherkessen, sie hat ihnen keinen Schutz leisten können gegen die wucherischen Erpressungen und Unterdrückungen durch des Sultans eigene Paschas und deren Werkzeuge. Da hat sich denn endlich das Volk in seiner Verzweiflung aufgerafft, es ist das Freiheitsbedürfnis stark geworden, Komitees haben sich gebildet, und weil keine andere Möglichkeit war, haben sie gesucht, auf ihre Weise durch Selbsthilfe sich Rettung zu schaffen. Ich will durchaus nicht leugnen, daß auch von armenischen Revolutionären hier und da gegen Beamte oder deren Kreaturen mit Gewalt vorgegangen worden ist. Das ist bei den geschilderten Zuständen zu menschlich, als daß wir es schlechthin verurteilen könnten. Dergleichen muß eintreten, wenn ein Volk völlig der Willkür ausgeliefert ist. Wenn der Unterdrückte nirgend Recht finden kann, dann greift er eben zum Naturrecht zurück und setzt sich mit den Waffen, deren er gerade habhaft werden kann, zur Wehr. Es wäre schlimm um die Völker bestellt, wenn sie nicht alles aufböten, das Äußerste von sich abzuwenden.

Europa hatte durch den Berliner Vertrag von 1878 sich verpflichtet, über die Rechtsstellung der Armenier zu wachen. Hier und da hat denn auch einmal die eine oder die andere der beteiligten Regierungen eine sanfte Mahnung an die Türkei ergehen lassen, aber geändert ward durch diese Mahnungen nichts. Die Türkei versteht es sehr gut, unbequeme Mahnungen von sich abzuwehren. Europa gegenüber hat sie die Legende, daß es sich auf seiten der bedrückten Nationalitäten nur um Agenten des Auslandes handele, und auf der anderen Seite schürt sie beim eigenen Volke von Zeit zu Zeit den Fanatismus gegen die Ungläubigen und führt ein Gemetzel herbei, das diese einschüchtern soll. Ein solches Gemetzel fand im September 1894 in *Sassun* und Umgegend statt, wo über 2000 Armenier wie wilde Tiere hingeschlachtet wurden. Die Umstände waren so schreiend, die Mitschuld türkischer Würdenträger so offenbar, daß die Mächte die Notwendigkeit eines gemeinsamen Einschreitens einsahen. Sie ließen an Ort und Stelle Untersuchungen vornehmen, Protokolle über die Gewalttaten aufnehmen, und die Beamten – nicht etwa Agitatoren, nicht etwa Parteigänger der Armenier – nein, die Konsuln der Mächte, ihre eigenen Vertreter stellten fest, daß die türkische Regierung in den Personen ihrer höchsten Beamten an den barbarischen Metzeleien schuld war. In einer *Note vom 11. Mai* 1895 wurde sodann der türkischen Regierung ein *Reformprogramm* von den Mächten vorgelegt, dessen Berechtigung sie auch nicht direkt zu bestreiten wagte, ein Reformprogramm, das keineswegs etwa eine nationale oder auch nur provinzielle Unabhängigkeit für die Armenier verlangt, sondern nur die Organisation rechtlicher Schutzeinrichtungen und eine leidlich unparteiische Organisation der Verwaltung vorschlägt. Die Denkschrift vom 11. Mai 1895 fordert, daß in den Provinzial- und Kreisbehörden, sowie auch in den Gemeindeverwaltungen der Landesteile, in denen ein größerer Prozentsatz von Armeniern wohne, diese auch eine Vertretung haben sollen; es sollte damit die Bürgschaft geboten werden, daß die gesetzlichen Verordnungen, so scharf sie auch sein mochten, wenigstens unparteiisch durchgeführt würden. Ferner sollte auch die Zahl der Gouvernements vermindert werden, die gegen 1877 bloß darum stark vermehrt worden sind, um mehr Paschas unterzubringen; je mehr Paschas mit ihrem Hofstaat, um so größer aber die Last für das Volk. Ein Vilayet in Türkisch-Armenien ist meist viel kleiner, als bei uns ein Regierungsbezirk, während sein Gouverneur oder Wali wie ein Fürst leben will. Die Mächte befürworteten auch deshalb eine Verringerung der Gouvernements, damit bei der Neuabgrenzung der Bezirke größere Gleichartigkeit in Bezug auf die Gruppierung nach Nationalitäten erzielt werden konnte. Wohlan, die Türkei versprach – und sie ist zu allen Zeiten groß gewesen im Versprechen –, sie versprach nach längeren Verhandlungen unterm 22. Oktober 1895, die Vorschläge der Note zur Ausführung zu bringen. Der Sultan ließ sogar dem englischen Premierminister, Lord [Robert] Salisbury, bestellen, er stehe mit *seinem Ehrenwort* für die unverzügliche Durchführung ein. Aber wie haben er und seine Leute das Versprechen eingelöst? Es wurden nun gerade die ungeheuerlichsten Metzeleien ins Werk gesetzt, Massenabschlachtungen, die geradezu darauf gerichtet waren, das armenische Volk als solches *vollständig vom Erdboden hinwegzufegen,* Schlächtereien, wie sie die Geschichte in gleichem Umfange und gleicher Scheußlichkeit noch nicht gesehen hat.

Es ist kaum zu bezweifeln, daß diese Unmenschlichkeiten von Konstantinopel aus begünstigt worden sind. Allerdings ist das eine schwere Anklage, aber wohlunterrichtete, verantwortliche Staatsmänner haben damals selbst den Sultan dafür verantwortlich gemacht, man hat ihm auf Grund einer Reihe beglaubigter Berichte die Verantwortung dafür zugeschoben, daß auf sein Anstiften, mit seiner Billigung jene Greueltaten ins Werk gesetzt wurden, und sonst sehr gemäßigte Leute haben ihm damals den Namen Mörder zugerufen.

Schon am 2. Oktober 1895 ging das Morden von neuem los. Die Metzeleien nahmen an jenem Tage in *Trapezunt* ihren Anfang; es wurden dort 600 und in den umliegenden Dörfern 107 Armenier hingeschlachtet. Die Regierungsbeamten ließen diese Greuel ungeahndet, und angesichts dieser *Lässigkeit* und vielfach geradezu *ermuntert* durch die Behörden pflanzten sich die schändlichen Metzeleien ins Ungeheure fort. Lassen Sie mich ein paar Zahlen darüber vorlesen, Zahlen, die nicht von Privatleuten oder von Missionaren, sondern von Konsularbeamten festgestellt worden sind; sie sind den amtlichen Berichten entnommen, welche die Botschafter der einzelnen Mächte ihren Regierungen eingereicht haben, und in vielen dieser Berichte ist ausdrücklich und mit Nennung der Namen festgestellt, welche Militärführer, welche Regierungsbeamten nicht nur bei dem Morden und Plündern stillschweigend dabeigestanden haben, sondern zweifellos die Anstifter und Leiter gewesen sind. Es sind nach jenen Berichten im Oktober und November 1895 gewaltsam getötet worden: in Erzerum 400, in Baiburt 1350, in Bajasid 500, in Bitlis 800, in Arabkir 2 800, in Charput 500, in Maladia 3 000, in Sivas 1 500, in Diarbekir 1 200, in Gurna 1 000, in Schabin-Kara und Umgegend über 3 000, in Amasia 1 000, in Aintab 1 000, in Marasch 1 350, in Cäsarea 1 000 Menschen, die übergroße Masse davon absolut wehrlose, des Waffengebrauchs unkundige Menschen. *(Große Bewegung.)* Die Zahlen hören sich ja schon gräßlich genug an, aber wenn Sie die Beschreibungen lesen würden, wie diese Leute, Männer und Frauen, Greise und Kinder, abgeschlachtet worden sind, welche Greuel, welche Grausamkeiten mit diesem Morden verbunden waren, mit welchen raffinierten, zum Teil teuflischen Schändungen, deren überhaupt nur der Fanatismus und die Leidenschaft von Orientalen fähig sind, dabei verfahren wurde, so würden Sie verstehen, wie damals ein sonst durchaus nicht sentimentaler englischer Staatsmann erklären konnte, das Gespenst der Greuel, die in Armenien verübt worden, raube ihm Nacht für Nacht den Schlaf. Kinder wurden vor den Augen ihrer Eltern aufs grausamste getötet, schwangeren Frauen ward vor den Augen ihrer Männer der Leib aufgeschlitzt, Männer wurden erst infam verstümmelt, ehe man sie mordete. Gewiß hat die überreizte Phantasie der Entkommenen oder sonst am Leben Verbliebenen viele Übertreibungen in Umlauf gesetzt; aber wenn man mehr als die Hälfte, ja, wenn man gut drei Viertel von allem, was sie berichtet, abziehen wollte, so bliebe doch noch so viel an unsäglichen Grausamkeiten übrig, daß die Geschichte ihm nichts Ähnliches an die Seite stellen könnte. Neben den Getöteten sind noch ich weiß nicht wieviel Hunderttausende verwundet, Tausende und Abertausende in Gefängnissen und sogenannten Spitälern einem qualvollen Tode überliefert worden. Daneben haben es die türkischen Soldaten und ein Teil ihrer Offiziere gründlich verstanden, ganze Dörfer und Städte erst auszuplündern und dann einzuäschern. Ein solches Beispiel von Wildheit gegen ein ganzes Volk kennt die Geschichte nicht, soweit wir auch in ihren Annalen zurückblättern mögen. Erinnern wir uns der Bartholomäusnacht in Paris aus der Hugenottenzeit, denken wir an die Einnahme von Drogheda, wo [Oliver] Cromwells Soldaten fast die ganze männliche Bevölkerung niedermachten, an die Pariser Septembermorde von 1792, an die Pariser Junischlacht von 1848, an die blutige Maiwoche von 1871, ja, selbst wenn wir die von Türken verübten Metzeleien auf Chios, am Libanon und in Bulgarien uns vor Augen stellen, – so verblaßt doch alles dies vor den Blutorgien, die in Armenien unter Duldung und Förderung von Beamten des Sultans ausgeübt wurden – vollzogen an einem Volke, das weiter nichts tat, als daß es sich gegen eine Unterdrückung zur Wehr setzte, die selbst die reaktionären Regierungen Europas empört hatte, gegen eine Unterdrückung, die alle Menschen, die überhaupt nur fühlen können, empören muß.

Nun hat es freilich auch nicht an solchen gefehlt, die die Türken selbst damals in Schutz nehmen zu müssen glaubten und alles, was an Schändlichkeiten gemeldet wurde, für maßlose Übertreibungen erklärten. Als ich mich in jenen Tagen darüber entrüstete, daß unsererseits kein Wort des Protestes geäußert wurde, schrieb mir ein guter Freund einen Brief, der im Kern fast darauf hinauslief, daß es erstens überhaupt keine Armenier in der Türkei gäbe, zweitens die Armenier, die es dort gäbe, sehr glücklich, und daß drittens diejenigen, die sich gegen die türkischen Beamten auflehnten, alles russische Agenten seien. Aus sonst berechtigtem Haß gegen das Zarenregiment werfen sich immer wieder Leute zu Verteidigern des Sultanregiments auf. Die türkische Regierung ihrerseits hat natürlich ebenfalls zu leugnen gesucht. Daß Metzeleien stattgefunden haben, konnte sie allerdings nicht bestreiten, aber sie gab die Zahlen der Getöteten lächerlich geringer an, als sie von den Konsuln festgestellt worden waren. – Dr. Johannes Lepsius gibt in seinem Buch „Armenien und Europa" (Berlin 1897) auf Seite 60 eine Gegenüberstellung türkisch-offizieller und europäischer Statistik. Danach ward die Zahl der in der Schreckenszeit von 1895/ 96 getöteten Armenier wie folgt angegeben:

	Offizielle Statistik der türk. Regierung	In Wahrheit nach europäischen Quellen
Erzingian	70	1000
Bitlis	130	900
Charput	80	900
Arabkir	200	4000
Amasia	80	1000
Vezir-Keupra	38	200
Aintab	100	1000
Marasch	30	1390

Wo die europäischen Beamten und Reisenden über zehntausend Mordfälle feststellten, konnten die Beamten des Sultans noch nicht tausend solcher entdecken.* Das sind die Augen, mit denen die türkische Regierung von Konstantinopel sieht, das ist das Verkleinerungsglas, mit dem sie auf das Gemetzel ihrer eigenen Soldaten schaut, und ebenso wie ihre Augen klein werden, wenn es sich um Feststellung ihrer Blutschuld handelt, so werden die Ohren der türkischen Regierung taub gegenüber dem Schrei der Verzweiflung, der aus Armenien nach dem Bosporus hinübertönt. Die Mächte aber taten nichts, den Sultan zur Einhaltung seiner Reformversprechungen zu nötigen, und zwar aus einer ganzen Reihe von Gründen. Vor allem gaben sie

---

* Wie des Sultans Kommissare die *Wahrheit* zu ermitteln pflegen, zeigt folgender, von Lepsius im Eingang seines Buches mitgeteilte Vorgang: „Als am 26. Januar 1895 die türkische Kommission zur Untersuchung des Massakers von Sassun (Herbst 1894) in Musch ihre zweite Sitzung hielt, machten die ihr zur Seite gestellten Delegierten der englischen, französischen und russischen Konsulate den für europäische Begriffe von Justiz selbstverständlichen Vorschlag, zunächst nur die *Tatsache* des Massakers, in welchem unter Beteiligung türkischen Militärs 27 christliche Dörfer zerstört und Tausende von Christen umgebracht sein sollten, festzustellen und sodann erst an die Untersuchung der Schuldfrage zu gehen. Die türkische Kommission jedoch, welche die Tatsache eines Massakers a priori in Abrede stellte und nach einem vorher publizierten Kommuniqué der Pforte nur die Aufgabe hatte, 'die verbrecherischen Handlungen armenischer Briganten zu untersuchen', lehnte diesen Vorschlag rundweg ab; tagte am 24. Januar bis zum 21. Juli in Musch, fünf bis zehn Stunden vom Schauplatz des Massakers entfernt, und begnügte sich in weiser Beschränkung damit, unter Zurückweisung der von den Delegierten präsentierten christlichen Zeugen, in 108 Sitzungen türkische Zeugen, die zuvor über die Aussagen instruiert waren, zu verhören und auf solche Weise die Schuld der 'armenischen Briganten' zu erhärten. Zeugen, die etwas Gegenteiliges aussagten, büßten ihre Unvorsichtigkeit mit sofortiger Überführung ins Gefängnis. Die Konsulardelegierten verzichteten endlich darauf, dieser Farce noch weiter zu assistieren, begaben sich in das Sassungebiet und stellten auf eigene Faust die genügsam bekannten entsetzlichen Tatsachen und die Schuldlosigkeit der friedlichen armenischen Bevölkerung fest." Johannes Lepsius, Armenien und Europa, S. 11 f.

ihren Ermahnungen keinen wirksamen Nachdruck, weil eine immer die andere wieder um ihrer Sonderzwecke im Orient willen neutralisierte, weil die russische Regierung zur Zeit nicht den Beruf in sich fühlte, der Türkei an den Kragen zu gehen, nachdem sie gesehen, daß ihre Geschäfte viel besser gingen, wenn die Verhältnisse in der Türkei vorläufig noch so blieben wie sie gerade waren; ferner weil England sich damals in Indien gelähmt fühlte, wo es mit den Bergvölkern im Nordwesten Krieg zu führen hatte. 1895 war in England die liberale Regierung, die bis dahin am Ruder gewesen war, einer konservativen gewichen. Die liberale Regierung war Gegnerin der türkischen Mißwirtschaft und hatte Miene gemacht, schärfere Seiten gegen den Sultan aufzuziehen. Die konservative schien diese Erbschaft unvermindert antreten zu wollen, da brachen von mohammedanischen Wanderpriestern gepredigte Aufstände in den indischen Bergdistrikten aus; man glaubte, der Sultan habe damit zu tun, und wenn man ihm auf den Leib rücke, so laufe man Gefahr, die ganze mohammedanische Bevölkerung Indiens sich mit dem Erben des Propheten solidarisch erklären zu sehen. Infolgedessen erschlaffte auch der Eifer der englischen Regierung. Frankreich und Deutschland gingen mit Rußland. Die Regierung des Sultans wußte also ganz gut: zu Leibe geht es uns auch diesmal nicht. Sie ließ die Proteste Proteste sein und betrieb die Ausrottung der Armenier ruhig weiter. In Massen fanden in den folgenden Monaten Zwangsbekehrungen zum Mohammedanismus statt.

Um den Mächten die verzweifelte Stimmung des Volkes drastisch vor Augen zu führen, verübten dann im August 1896 armenische Revolutionäre einen Handstreich auf die Ottomanische Bank in Konstantinopel. Sie drangen in die Bank ein, überwältigten die Beamten und hielten das Gebäude besetzt, in der Hoffnung, dadurch den Mächten bestimmte Versprechungen abnötigen zu können. Die Hoffnung erwies sich als eitel, die Demonstration ward nur zum Anlaß für die türkische Regierung, als Nachspiel zu den Greueln in Armenien nun auch in Konstantinopel wieder ein kleines Massaker in Szene setzen zu lassen – eine Massenabschlachtung, bei der mindestens 5 000 bis 6 000 Armenier getötet wurden, ohne die, die ins Meer geworfen wurden. Auf die ganze armenische Bevölkerung Konstantinopels stürzte sich damals der Janhagel der Hauptstadt, angestiftet und unterstützt von Offizieren der Leibtruppen des

Sultans. Unter den Augen der Botschafter Europas wurden 5 000 bis 6 000 Menschen grausam ermordet, und doch ist nichts zur Sühne geschehen. Man hat wieder eine Note aufgesetzt, wieder der türkischen Regierung ihre Mitschuld nachgewiesen, aber dabei ist es geblieben.

Wie man sich leicht vorstellen kann, folgte den Metzeleien, dem Plündern und Brennen große Hungersnot in Armenien. Es wurden an vielen Orten in Europa Sammlungen eröffnet, aber die Mittel, die beschafft wurden, reichten bei weitem nicht aus, die Not zu heben, und wieviel Menschen damals im Elend umgekommen, wieviel in den erbärmlichen Spitälern zu Grunde gegangen sind, das weiß kein Mensch. Noten wurden ausgewechselt, indes es geschah nichts, um die türkische Regierung zu zwingen, bessere Zustände eintreten zu lassen. Das armenische Volk kann sich aber nicht selbst helfen. Wenn ihm Hilfe werden soll, so muß sie von Europa kommen, und ich wiederhole: durch den Berliner Vertrag von 1878 haben die europäischen Mächte die Verpflichtung übernommen, dem armenischen Volk beizustehen, und wenn sie diese Verpflichtung nicht einhalten, so sind sie *vertragsbrüchig*. Da jedoch die Herrschenden nicht der Verpflichtung gemäß handeln, so blickt das armenische Volk auf seine Vorkämpfer, die Völker Europas, in der Hoffnung, daß diese ihre Stimme erheben und die Regierungen veranlassen werden, endlich doch einzuschreiten und dem Sultan einen energischen Willen zu zeigen. Denn nur für einen solchen energischen Willen haben die Orientalen Sinn. Sie haben tausend Auswege, vor allem den der Verschleppung und des endlosen Versprechens von Maßregeln, die sie nie auszuführen beabsichtigen, aber vor einem energischen Willen, hinter dem eine Macht steht, beugen sie sich.

Ich habe vorhin hervorgehoben, daß der Vertrag von San Stefano, den Rußland der Türkei im März 1878 abnötigte, mögen wir sonst über Rußland denken, wie wir wollen, für die Armenier weit günstiger war, als der Berliner Vertrag von 1878. Gegen den Vertrag von San Stefano schritt damals England ein, geführt von Disraeli-Beaconsfield, dem Leiter des Torykabinetts. Viele Leute bewunderten diesen Mann; ich glaube aber, der Ruf, den er in unseren Reihen als großer Staatsmann genießt, ist sehr übertrieben. Jedenfalls steht so viel fest, daß sein Unterstaatssekretär auf dem Berliner Kongreß und vorher schon auf der 1876er Konferenz in Konstantinopel, Lord Salisbury, der jetzige englische Minister des Auswärtigen, 1896 sich veranlaßt sah, das Werk seines ehemaligen Führers als verkehrt zu verdammen. Obwohl er selbst daran mitgewirkt, hatte er im Angesicht der Schandtaten der türkischen Regierung doch wenigstens so viel Herz, offen heraus seinem Volk zu erklären: „Wir haben 1878 ein Unrecht getan; wir müssen das einsehen, wir haben 1878 unser Geld auf das falsche Pferd gesetzt", d. h. auf eine Regierung, die nicht imstande ist und auch nicht einmal den Willen hat, in den ihr unterstellten Ländern die Reformen durchzuführen, um deretwillen England ihr 1878 zu Hilfe kam. Aber auch Salisbury lehnte es aus den vorentwickelten Gründen ab, von England aus allein gegen die Türkei einzuschreiten. Die Mächte sollten gemeinsam handeln. Aber die Mächte waren bisher niemals zu anderem gemeinsamen Handeln zusammenzubringen, als dazu, Noten und Versprechungen des Sultans entgegenzunehmen. Rußland stützt neuerdings den Sultan, und Frankreich spielte, namentlich im Orient, mit Rußland unter einer Decke. Hoffentlich hat das endlich einmal ein Ende. Wir haben zu unserer großen Genugtuung dieser Tage gehört, daß unser Genosse Jean Jaurès, der beredte Vertreter der französischen Arbeiter im Parlament, in einer Versammlung mutvoll dafür eintrat, daß die Sonderbündelei Frankreichs mit Rußland ein Ende nehmen und daß an ihre Stelle ein reales, ein wirkliches Bündnis aller Kulturvölker treten möge, ein Völkerbund ohne jede Sonderbündelei. *(Beifall.)*

Noch eine zweite Tatsache ist hier zu erwähnen, zugleich erfreulicher und trauriger Natur. Aus den Distrikten Sassun und Musch in Armenien sind Nachrichten an im Auslande lebende Armenier gelangt, daß dort von neuem ein Gemetzel vorbereitet wird. Man kennt nämlich die Vorzeichen solcher Operationen. Wenn die Kurden bewaffnet werden, wenn die türkische Regierung irreguläre Truppen in armenische Distrikte legt, so weiß man aus teuer erkaufter Erfahrung, daß über kurz oder lang dort ein Feuer ausbrechen, daß ein Gemetzel stattfinden wird. Die Armenier sind in solchen Fällen verloren: Da sie unbewaffnet sind oder nur über ungenügende Verteidigungsmittel verfügen, können sie sich gegen solche Maßnahmen nicht selbst helfen. Aber sie haben die Tatsache nach dem Auslande gemeldet, und die in Paris wohnhaften armenischen Nationalisten haben sich an französische Politiker ohne Unterschied der Partei, darunter auch an mehrere Sozialisten (Jaurès, [Français de] Pressensé, [Marcel] Sembat) gewandt mit der Bitte, die Sache dem französischen Minister des Auswärtigen vorzutragen. Das ist denn auch geschehen, und Herr [Théophile] Delcassé hat der Deputation bestimmt versprochen, daß die französische Regierung sofort Abgesandte in jene Distrikte zur Überwachung der Dinge schicken werde. Eine absolute Sicherheit gegen Vergewaltigungen ist durch diesen Schritt den Armeniern ja noch nicht gegeben, aber er zeigt ihnen wenigstens die Möglichkeit eines stärkeren Schutzes. Was 1896 in Konstantinopel vor den Augen der Botschafter geschehen konnte, das könnte natürlich auch 1902 in jenen entlegenen Distrikten vor den Augen der Abgesandten Frankreichs geschehen. Indes eine gewisse Abschreckung ist doch damit gegeben, daß Europäer da sind, die die Greueltaten bekunden können. An der Neigung zu solchen auf seiten der Agenten des Sultans ist nicht zu zweifeln. Allerdings, Gewalttaten auf so großer Basis wie 1895/96 verübt man nicht jahraus, jahrein, aber hin und wieder werden auch heute noch Gewalttaten aller Art verübt. Das armenische Volk liegt am Boden, es kann sich seiner Haut nicht wehren, und wer sich so recht als Herr fühlt, der tritt auf ihm herum, wie auf einem geknebelten Hund.

Der internationale Sozialistenkongreß, der im Jahre 1900 in Paris tagte, hat eine Resolution angenommen, in der er seinen tiefsten Abscheu über die in Armenien verübten Greuel ausspricht, die kapitalistischen Regierungen brandmarkt, die nicht energisch genug gegen den Sultan eingeschritten sind, und die Vertreter der Arbeiter in den Parlamenten dazu auffordert, gegenüber der Untätigkeit der Regierungen unablässig ihre Stimme zu erheben zum Schutze des armenischen Volkes. Dasselbe hat vor kurzem das in Paris eingesetzte Internationale Sozialistische Büro in Brüssel getan; es hat ein Rundschreiben erlassen an die Sozialisten aller Länder, worin es sie angesichts erneuter Willkürakte dazu auffordert, sich des armenischen Volkes anzunehmen, ihre Stimme machtvoll ertönen zu lassen zum Schutze, zur Hilfe, zum wirksamen Eintreten für die geknechteten Armenier.

Am 3. März hat im gleichen Sinne im deutschen Reichstage unser Genosse *Georg Gradnauer* die Angelegenheit der Armenier zur Sprache gebracht und in sehr eindrucksvoller, wenn auch der Form nach durchaus maßhaltender Rede an die Reichsregierung die Aufforderung gerichtet, auf Grund des Berliner Vertrages von 1878 vorzugehen und der Wortbrüchigkeit der

Türkei gegenüber nicht länger untätig zu bleiben.* Gradnauer war nun von einem gewissen Gesichtspunkt aus dabei nicht vorsichtig genug, er brachte gleichzeitig in derselben Rede auch andere Angelegenheiten der auswärtigen Politik Deutschlands zur Sprache. Dies gab dem Reichskanzler [Bernhard] Graf von Bülow Anlaß zu der bequemen Antwort, Deutschland könne nicht den Hans Dampf in allen Gassen spielen. Nun, im allgemeinen sind wir mit diesem Grundsatz durchaus einverstanden, wir sehen es sehr gern, wenn die deutsche Regierung es sich versagt, den Hans Dampf in allen Gassen spielen, wir verlangen von ihr durchaus nicht, sich in alles zu mischen, was in anderen Ländern geschieht. „Charity begins at home" – wer reformieren will, beginnt am besten zu Hause, das gute Beispiel ist heute ein machtvollerer Propandist als je. Aber im Falle der Armenier liegt ein *Vertrag* vor, der gehalten werden muß, und so viel weiß auch Graf Bülow, daß die Armenier sich nicht selbst helfen können, daß für sie die Hilfe von außen kommen muß. Der wahre Grund seiner Ablehnung ist denn auch ein ganz anderer. Deutschland hat augenblicklich in Kleinasien gewisse materielle Interessen wahrzunehmen, die es seinen Lenkern angenehm erscheinen lassen, mit dem Sultan gut Freund zu sein.

Was das für Interessen sind, weiß ein jeder: Es handelt sich um die anatolische Bahn und um die Bagdadbahn. Wir als Sozialisten haben nun an und für sich gewiß nichts gegen den Bau dieser Bahnen durch Deutsche einzuwenden. Wenn deutsches Kapital und deutsche Arbeit in Kleinasien Bahnen herstellt, so wird sich das im Laufe der Zeit für die dortigen Völker wahrscheinlich sehr vorteilhaft erweisen. Soll aber das armenische Volk über den mit diesem Bahnbau zur Zeit verbundenen Interessen zu Grunde gehen, das armenische Volk, dessen Gedeihen ja mit in Betracht kommt, wenn sich später diese Bahnen einmal rentieren sollen, wenn sich wirklich in ihrem Gebiet ein lohnender Verkehr entwickeln soll? Denn wenn die Hauptlinien dieser Bahnen auch nicht durch Armenien gehen, so streifen sie doch armenisches Gebiet. Nein, das armenische Volk darf nun und nimmer darüber zu Grunde gehen, daß augenblicklich deutsches Kapital in Kleinasien Interessen wahrzunehmen

---

* Die Rede Gradnauers ist, soweit sie Armenien betrifft, in diesem Buch auf den Seiten 77-80 abgedruckt.

hat. Die ihm gegenüber eingegangenen Verpflichtungen müssen erfüllt werden, und die Gefahr, daß der Sultan sich an den Bahngesellschaften rächen werde, ist auch gar nicht so groß, sobald es nur gelingt, eine einheitliche Aktion der Mächte für Armenien herbeizuführen; denn vor nichts beugt sich der Orientale mehr, als vor einem starken Willen, hinter dem eine Macht steht. Die Macht ist aber nun einmal bei Europa: Wenn es *will,* wird die Türkei nachgeben müssen, und allen Völkern in der Türkei wird in dem Maße endlich Rettung werden, als eine wirkliche Reform in Armenien durchgeführt wird. Denn es kann keine Reform, die diesen Namen verdient, in Armenien durchgeführt werden, die nicht zurückwirkt auf die Verhältnisse in der übrigen Türkei. Wir wissen ja, daß es unter den Türken selbst eine ziemlich starke Strömung gibt, die der jungtürkischen Reformer, die einsehen, daß die Verhältnisse ihres Landes nicht so weitergehen können, wie bisher; die gern Reformen durchführen wollen, denen aber bei dem heute in der Türkei herrschenden politischen System die Hände gebunden sind. Darum muß die Arbeiterklasse, muß alles, was demokratisch denkt in Europa, seine Stimme erheben und dagegen protestieren, daß die Existenz ganzer Völker um gewisser kapitalistischer Interessen wegen *verkauft* oder *verschachert* wird.

Ich habe Ihnen eben ein Beispiel mitteilen können aus Frankreich, dessen Regierung sich bereit erklärt hat, wenigstens einen kleinen Schritt zum Schutze der Armenier auf eigene Faust zu unternehmen; ich habe vorhin erwähnt, daß selbst Rußland sich den Völkern im Orient wiederholt als Befreier gezeigt hat, ihnen vielleicht in sehr engen Grenzen, aber immerhin doch bis zu einem gewissen Grade Erleichterung verschafft hat. Betrachten wir nun die deutsche Geschichte näher, sowie die Rolle, die Deutschland bisher international gespielt hat. Man erzählt uns viel von der glorreichen deutschen Vergangenheit. Aber was steckt hinter der deutschen Vergangenheit, abgesehen von dem, was Deutschland auf den Gebieten von Kunst und Wissenschaft geleistet hat? Deutschland war vom frühen Mittelalter an ein Land der *Eroberungen,* es wurde von allen Nachbarnationen gehaßt und gefürchtet. Das ist seine glorreiche Vergangenheit. Ich will darauf keinen Stein werfen, es entsprach zum Teil der damaligen Kulturstufe, und wenn Deutschland nicht der Eroberer gewesen wäre, so wäre es eben irgend eine andere Nation gewesen. Aber die Tatsache bleibt bestehen, daß Deutschland ein als Unterdrücker auftretendes Land und infolgedessen von den übrigen Völkern gehaßt war. Dieser Haß hat sich traditionell fortgeerbt, in seinen Wirkungen besteht er noch heute bei den Nachbarvölkern, er wirkt da noch immer nach, und wir finden seine Spuren sogar bei einem Volke, das dem deutschen stammverwandt ist, bei den Deutsch-Schweizern. Dort spiegelt sich der frühere Haß in der Volkssprache wieder, die ja oft sehr fein empfindet. Der Schweizer sagt, wenn er nach Deutschland geht: „Ich gang nach Deutschland *usse*" d. h. hinaus, aber wenn er nach Frankreich geht, so sagt er: „Ich gang nach Frankrich *inne*". Diese Unterscheidung ist ein Stück geschichtlicher Nachwirkung der verschieden gearteten alten Beziehungen. Aber der Umstand, daß Deutschland ein eroberndes Land war, hat noch eine andere Wirkung gehabt, die sich zur Zeit der Reformation und später, namentlich aber 1848, in der inneren Geschichte Deutschlands gezeigt hat. Wenn Sie die Geschichte der deutschen Revolution von 1848 näher studieren, so werden Sie finden, daß an dem kläglichen Ausgang dieser Revolution der Umstand einen großen Teil Schuld trägt, daß Deutschland noch fremdländisches Besitztum festzuhalten hatte und die Deutschen darum nicht wahrhaft freiheitlich auftreten konnten, als echt demokratisches Volk. Insbesondere die italienische und die polnische Frage haben in dieser Hinsicht lähmend zurückgewirkt, und einem großen Teil von sonst freiheitlich gesinnten Deutschen erstarrte in entscheidenden Momenten das Freiheitswort auf den Lippen. Das ist sogar noch der Fall gewesen, als sich 1859 das italienische Volk für die Erringung seiner nationalen Freiheit erhob. Bis weit in die Reihen der äußersten Linken hinein herrschten damals Meinungsverschiedenheiten, wie man sich diesem Freiheitskampfe gegenüber verhalten solle, angesichts der Tatsache, daß Deutschland in Italien Besitztum zu wahren hatte. Dies zur Illustrierung der Tatsache, warum der deutsche Name im Ausland so wenig beliebt ist. Wenn Deutschland bisher von anderen Völkern ehrende Liebe verlangte, so konnten diese ihm die Worte aus Goethes Prometheus zurückrufen:

> „Ich Dich ehren? Wofür?
> Hast Du die Schmerzen gelindert
> Je der Beladenen?
> Hast Du die Tränen gestillet
> Je der Geängsteten?"

Das traf vom deutschen Volke zu bis in die neueste Zeit hinein, und so durfte Karl Marx seinerzeit mit Recht schreiben: „Wir Deutsche waren immer nur einmal in der Begleitung der Freiheit: am Tage ihrer Beerdigung." *Wir haben noch keinem Volk die Freiheit gebracht.* Einmal, im Jahre 1866, hat Bismarck, um Österreich zu schwächen, dem damals schon befreiten Italien zu Venedig verholfen, im allgemeinen aber hat man in Deutschland immer gezittert, sich für eine freiheitliche Bewegung des Auslandes ernsthaft ins Zeug zu legen. Es ist der Fluch der deutschen Geschichte, daß der Deutsche, weil er als Eroberer das Eroberte festhalten mußte, seine eigene Freiheit immer nur gering einsetzte. Frankreich, England, Rußland haben Völkern die Freiheit gebracht. Ja, selbst Rußland hat auf seiner Liste Völker, die ihm sagen müssen: „Daß wir damals unsere Befreiung erlangten, schulden wir Dir." Aber wo ist die Schuldenliste, die wir Deutsche anderen Völkern vorhalten dürfen? Haben wir so etwas wie eine Liste politischer Guthaben, auf die wir stolz sein dürfen?

Jetzt wird uns im Falle Armeniens die Möglichkeit geboten, energisch unsere Stimme zu erheben zugunsten eines Volkes, gegen welches langsam, aber zielbewußt ein grausamer Vernichtungskampf geführt wird, und ich hoffe, daß niemand unter Ihnen ist, der nicht heute das Gefühl mit sich nimmt, daß hier geholfen werden, daß endlich einmal mit der Mißwirtschaft in der Türkei ein Ende gemacht werden muß. Kein Vorurteil darf uns davon abhalten, unsere Stimme laut in diesem Sinne geltend zu machen. Es ist ja nur ein kleines Volk, um das es sich da handelt, ein Volk, das fern von uns wohnt und dessen Masse noch auf einer ziemlich tiefen Kulturstufe steht, – infolge des schweren Jochs, das auf ihm lastet, auf einer erheblich tieferen Stufe, als es sie einst eingenommen. Aber das darf für uns kein Grund sein, vor allem nicht für diejenigen in diesem Saale, die sich zur Sozialdemokratie zählen, ihm unsere Sympathie zu versagen. Die Sozialdemokratie hat für ihren Kampf ein Motto aufgenommen, das wiederholt in der Geschichte von großen epochemachenden Reformern aufgestellt worden ist, jenes Motto, das der Stifter der christlichen Religion in klassische Form gebracht hat, als er zu seinen Aposteln sagte: „Wahrlich, ich sage Euch, was Ihr nicht getan habt einem unter diesen Geringsten, das habt Ihr mir auch nicht getan." Diesen herrlichen Grundsatz finden Sie wieder in einer großen modernen Kulturbewegung, die durchdrungen war vom Geiste echter Menschlichkeit, in der großen französischen Revolution des 18. Jahrhunderts. In der vom Konvent auf der Höhe jener Bewegung verfaßten Erklärung der Menschenrechte von 1793 finden Sie den wundervollen Satz: „Es ist Unterdrückung gegen den ganzen Gesellschaftskörper, wenn auch nur ein einziges seiner Glieder unterdrückt wird." In diesem Sinne erklären wir heute: Unterdrückung gegen den ganzen Körper der Menschheit, gegen den Körper des Verbandes der Nationen ist es, wenn auch nur eine kulturfähige Nation unterdrückt und zu Boden getreten wird. Und wenn das Volk, dem solches geschieht, auch noch so fern von uns wohnt, so erheben wir heute doch unsere Stimme zum flammenden Protest und rufen es so laut, daß diese Stimme gehört wird in Yildiz Kiosk und den möglich stärksten Nachhall findet im deutschen Reichskanzleramt: Die Mißwirtschaft der Türkei muß ein Ende nehmen, den Armeniern muß geholfen werden, das Foltersystem des Sultans muß verschwinden von der Erde! Dazu fordere ich Sie auf, und ich hoffe, Sie werden alle einmütig unserer Protestresolution zustimmen. *(Stürmische, langanhaltende Zustimmungsbezeugungen.)*

*

Die folgende, von dem Redner der Versammlung unterbreitete *Resolution* wird ohne Debatte mit allen gegen eine Stimme angenommen:

„Die heutige Volksversammlung erklärt:

Die Leiden des armenischen Volkes in der Türkei und sein Kampf für das Recht der Selbstverwaltung, für Schutz gegen Willküraktе der Regierungsagenten und gegen babarische Grausamkeiten von seiten halbzivilisierter Bergvölker hat durchaus Anspruch auf die volle Sympathie aller freiheitlich Gesinnten, insbesondere aber auf die moralische Unterstützung seitens der für ihre Emanzipation kämpfenden Arbeiterschaft der Kulturwelt.

Die Versammlung drückt ihren tiefsten Abscheu aus über die blutigen Metzeleien, deren Schauplatz Armenien im Laufe der letzten Jahre wiederholt gewesen ist und immer wieder von neuem ist. Sie macht für jede Wiederholung dieser schaudererregenden Greuel in erster Linie die Regierung des Sultans, nicht minder aber die Regierungen derjenigen Großmächte verantwortlich, die laut Artikel 6 des Berliner Vertrages von 1878 das Mandat übernommen haben, für die Einführung geordneter, Sicherheit des Lebens und der Lebensbedingungen verbürgender Zustände in Armenien Sorge zu tragen.

Sie fordert demgemäß die deutsche Regierung auf, ihren Einfluß auf die Regierung des Sultans energisch im Sinne der vorstehenden Ausführungen geltend zu machen, und drückt die Überzeugung aus, daß, wenn die Vertragsmächte der türkischen Regierung gegenüber nur einen festen Willen in dieser Sache zeigen, der Widerstand und die Verschleppungspolitik des Sultans und seiner Satrapen sehr wohl gebrochen werden kann.

Die Versammlung legt schließlich Wert darauf, zu erklären, daß die Forderung von Recht und Sicherheit für Armenien in keiner Weise von einer Voreingenommenheit gegen die türkische Nation diktiert ist. Die Versammlung ist vielmehr der festen Überzeugung, daß die wahren Interessen der großen Masse des türkischen Volkes die Schaffung gerechter Zustände in Armenien erheischen, daß das türkische Volk mit den Armeniern das gleiche Interesse daran hat, der heutigen verrotteten Beamtenwirtschaft im Lande ein Ende zu machen. In dieser Überzeugung verbindet sie mit der Bekundung ihrer innigen Teilnahme für die leidenden und kämpfenden Armenier den Ausdruck ihrer vollen Sympathie für alle diejenigen *ohne Unterschied der Nationalität,* die in der Türkei, wie anderwärts, für freiheitliche Reformen, für politische Gleichheit und soziale Gerechtigkeit kämpfen."

Nachtrag

I.

Wortlaut des Artikel 61 des Berliner Vertrags

„Die Hohe Pforte übernimmt die Verpflichtung, ohne weiteren Verzug die durch lokale Bedürfnisse in den von den Armeniern bewohnten Provinzen erforderlichen Verbesserungen und Reformen ins Werk zu setzen und den Armeniern Sicherheit vor Kurden und Tscherkessen zu garantieren. Sie wird die in dieser Richtung getanen Schritte in bestimmten Zeitabschnitten den Mächten bekannt geben, die ihr Inkrafttreten überwachen werden."

II.

Statistik der Opfer der Metzeleien

Nach einer in Armenien und Europa von Dr. Johannes Lepsius, Berlin 1897, auf Grund authentischer Berichte zusammengestellten Statistik belief sich die Zahl der allein bei den verschiedenen Metzeleien der drei letzten Monate des Jahres 1895 getöteten Armenier auf:

Vilayet Erzerum		4 390
Vilayet Bitlis		1 600
Vilayet Mamuret		14 345
Vilayet Diarbekir	über	6 000
Vilayet Wan	über	20 000
Vilayet Sivas		7 420
Vilayet Trapezunt		2 130
Vilayet Angora		2 794
Vilayet Adana		352
Vilayet Aleppo		23 652
Mutessariflik Ismidt		65

Die Zahl der ausgeplünderten und niedergeäscherten Städte und Dörfer in diesen Vilayets beträgt 2 493, die Zahl der in äußerste

Not versetzten Bewohner dieser Provinzen ward auf nicht weniger als 546 000 berechnet.

[Die auf Seite 42 unten angegebenen Zahlen beziehen sich nur auf die dort genannten Bezirksstädte, nicht auf die ganzen Vilayets.]

OTTO UMFRID

Die armenischen Greuel und die Friedfertigung des Orients

Rede, gehalten im September 1896
in Stuttgart

Otto Umfrid

Aller Augen richten sich gegenwärtig nach dem Orient. Dort steht der Pulverturm der osmanischen Herrschaft mitten in den Flammen. Wenn er in die Luft fliegt, mag Europa seine Fensterscheiben in acht nehmen. Bald bricht das Feuer aus in Armenien, bald in Mazedonien, bald in Kreta. – Die Geschichte des osmanischen Reichs ist mit Blut geschrieben.

Am gräßlichsten hat die Tyrannei gewütet in den jüngst vergangenen Jahren. Was in Armenien geschehen ist, das übersteigt alle Grenzen menschlicher Begriffe; durch die Blutbäder von Kaisarije, Siva, Urfa, und wie die unglückseligen Stätten alle heißen mögen, werden wir um Jahrtausende zurückgeschleudert in die finsterste Barbarei. Und Europa läßt sich das bieten und läßt's bei papiernen Protesten bewenden. Geradezu typisch für dieses Verhalten sind die Vorgänge der letzten Augustwoche des Jahres 1896. Eine Bande Bewaffneter dringt in die Ottomanbank ein, überwältigt etliche Beamte und wirft ein paar Bomben zum Fenster hinaus. Die Rede geht, das seien Armenier gewesen, sie haben den teuflischen Plan gehabt, alle öffentlichen Gebäude Konstantinopels in die Luft zu sprengen. Die Attentäter setzen sich in Verteidigungszustand und übergeben sich endlich, nachdem man ihnen freien Abzug zugesichert hat. Die Bomben aber, die sie auf den Straßen hatten platzen lassen, wirkten auf die türkische Bevölkerung der Hauptstadt wie der erste eine Schlacht eröffnende Kanonenschuß; mit Knütteln bewaffnete Männer warfen sich auf die wehrlosen Armenier in den Straßen Konstantinopels, schlugen sie nieder, drangen in die Häuser ein, verübten allerlei Greuel an Weibern und Kindern und warfen Hunderte ins Meer. Der Weg zu einer Brücke war mit Leichen übersät, es war genau, sagt ein Berichterstatter, wie nach einer Schlacht. Merkwürdig, sehr merkwürdig! Die bewaffneten Eindringlinge in die Ottomanbank läßt man laufen, die wehrlosen Armenier aber, die ihren Geschäften nachgegangen sind und an nichts weniger als Aufruhr dachten, schlägt man zusammen! Sollten jene Bombenhelden am Ende nur verkappte Türken gewesen sein, sollte der ganze Vorgang ein abgekartetes Spiel gewesen sein, vom Yildiz-Kiosk inszeniert, zur Einleitung der längst geplanten Schlächterei? Der Vorgang ist besonders auch nach einer andern Seite typisch. Die Knüppelmänner wurden keineswegs daran gehindert, ihre blutige Arbeit auszurichten; die türkische Polizei stand ruhig daneben, und sah lächelnd zu. Und noch andere standen daneben, die christlichen Großmächte, sie lächelten zwar nicht, aber ihr Geschrei vermochte nicht den Sultan abzuhalten, daß er fünf- oder siebentausend seiner Untertanen schlachten ließ.

Wir müssen aber, wenn wir den Zusammenhang des fürchterlichen Dramas überschauen wollen, ein gut Stück rückwärts schreiten. Es war am 30. September 1895, als die in Konstantinopel ansässigen Armenier dem Großwesir eine Petition zu überreichen suchten, in welcher die Klagen und Forderungen des armenischen Volks mit Rücksicht auf die Bestimmungen des Berliner Vertrags vom Jahre 1878 dargelegt waren. Der Zug der Armenier wurde aufgehalten und zersprengt, etliche erschossen, 500 Demonstranten aber arretiert. Das war das Signal zu den allgemeinen Metzeleien, die in zehn Provinzen des türkischen Reichs über die wehrlose armenische Bevölkerung verhängt wurden.

„Über die fruchtbarsten Provinzen des osmanischen Reichs, über ein Land von der Ausdehnung Deutschlands", sagt Dr. Lepsius, (Armenien und Europa – Eine Anklageschrift gegen die christlichen Großmächte), „ergoß sich ein Strom von Blut und Verwüstung, bestimmt ein ganzes christliches Volk in seinem Strudel zu begraben." Vom 3. Oktober 1895 bis zum 1. Januar 1896 erstreckt sich die erste Serie der Metzeleien. Von Seiten der Armenier hat, wie aktenmäßig auf Grund von Berichten durchaus unverdächtiger Augenzeugen festgestellt wurde, keinerlei Herausforderung stattgefunden. Trotzdem wurden 85 000 Menschen erschlagen, ca. 2 500 Städte und Dörfer verwüstet, über 100 000 Christen zwangsweise zum Islam bekehrt und 500 000 dem Hunger preisgegeben.

Welche Scheußlichkeiten bei den Blutbädern begangen wurden, das ist allmählich zu bekannt, als daß wir es ausführlich wiederholen müßten. Ich brauche nicht weiter auszuführen, wie Männer mit Nägeln gespickt, im Feuer gebraten, mit glühenden Zangen zerrissen wurden; wie Frauen geschändet, aufgeschnitten, zersägt, zerstückelt wurden, wie Kinder ins Feuer geworfen, von einem Bajonett zum andern geschleudert, oder auf der Leiche des Vaters, dem ein Stück Fleisch ums andere aus dem Leib geschnitten worden war, mit blutigem Spielzeug erschlagen wurden. Nur zwei Bilder mögen aufgerollt werden, um einen Begriff zu geben von der aller Menschlichkeit hohnsprechenden geradezu satanischen Grausamkeit der Wüteriche, die sich an den Qualen eines wehrlosen Volkes geweidet haben. Eine Frau wirft sich einem der Unmenschen zu Füßen, umfaßt seine blutigen Knie und fleht ihn an, sie zu schonen, da es sich um zwei Leben bei ihr handle. Der Unmensch wettet, daß es ein Knabe sei, den sie unter dem Herzen trage, und nun geschieht das Teuflische: Das Kind wird der Mutter aus dem Leibe geschnitten. Ein anderer Fall: Ein Armenier wird auf den Boden geworfen, zuerst die eine, dann die andere Hand ihm abgehauen, hierauf werden ihm die Ohren abgerissen, dann die Zunge ausgebissen, dann die Augen ausgestochen, endlich schneiden sie ihm die Kehle durch, um „ihn in die Verdammnis zu schicken." In den türkischen Kerkern wurden die Gefangenen auf geradezu haarsträubende Weise gefoltert, aufs Scheußlichste entehrt, entmannt, gebraten oder zerrissen. Eine mittelalterliche Folterkammer konnte nicht viel schlimmer aussehen als diese Vorhöfe der Hölle, und die neronische Grausamkeit war ein Kinderspiel gegenüber der Christenverfolgung, welche unter Sultan Abdul Hamid am Schluß des 19. Jahrhunderts über Armenien hereingebrochen ist.

Was war nun die Veranlassung zu diesen schauderhaften Taten? Ist es wirklich so, wie unsre Presse, die zum großen Teil die öffentliche Meinung systematisch irreführt, voran die „Hamburger Nachrichten" behaupten, „daß der Verlauf der Dinge nur in der Annahme bestärken könne, daß die Schuld sehr viel weniger auf türkischer, als auf armenisch-englischer Seite liege und daß die von London aus dirigierten Umtriebe eine größere Gefahr für die gesamte christliche Bevölkerung des osmanischen Reichs und für die Erhaltung des Friedens bilden, als die Säumigkeit der Pforte bezüglich der Reformen und die türkische Unterdrückung der Armenier"?

Doktor Lepsius hat den überzeugenden Nachweis erbracht, daß von den vermuteten englischen Zettelungen keine Rede sein kann. „Es offenbart die ganze Verlegenheit der öffentlichen Meinung", sagt er, „sich auf die armenischen Massaker einen Vers zu machen, daß man sogar auf den abgeschmackten Einfall gekommen ist, die armenischen 'Revolten' auf englische Umtriebe zurückzuführen und die anglophobe Phantasie des kontinentalen Publikums mit englischem Gold, englischem Waffenschmuggel und englischen Hetzaposteln zu erhitzen. Wo waren denn die englischen Waffen? Wo war das englische Gold? Irgendwo auf dem ganzen der Verheerung preisgegebenen Gebiet hätte es doch zum Vorschein kommen müssen. Man könnte einen Preis darauf setzen, die englischen Umtriebe in Armenien nachzuweisen und gewiß sein, daß kein glücklicher Finder ihn verdienen würde."

So kommen wir mit Dr. Lepsius zu dem Ergebnis, daß die armenischen Blutbäder nichts anderes gewesen sind, als eine administrative Maßregel, welche vom Sultan angeordnet, mit nur allzu großer Bereitwilligkeit von den Provinzialbehörden ausgeführt wurden. Nach einem seit Jahren vorliegenden Plan sollte geradezu die Ausrottung des armenischen Volks in Szene gesetzt werden; infolge der neuerdings wieder energischer betriebenen Reklamationen von Seiten der Mächte, die nach der Ausführung der im Berliner Vertrag zugesicherten armenischen Reformen fragten, wurde das Werk in überstürzter Hast zur Vollendung gebracht. Daß wir es hier nicht mit einer vagen Vermutung zu tun haben, geht u.a. auch daraus hervor, daß der verflossene Großwesir die Erklärung abegegeben hat, er werde die armenische Frage dadurch lösen, daß er das vielbesprochene Armenien in einen geographischen Begriff verwandle, d.h. das armenische Volk vernichte.*

Die mit so viel Sicherheit vorgetragene Behauptung von der Veranlassung der Metzeleien durch revolutionäre Umtriebe auf armenischem Boden ist also ins Gebiet der Fabel zu verweisen. Aber selbst wenn im August des Jahres 1896 und hernach wirkliche Revolutionäre hervorgetreten sind, so ist daraus nicht auf die ursprüngliche Veranlassung der Blutbäder zurückzuschließen. Mit anderen Worten: Die Massaker sind nicht die Folge einer im Finstern schleichenden Empörung, sondern die Empörung erklärt sich aus der alles Maß übersteigenden Grausamkeit, mit welcher das Volk zur Verzweiflung getrieben wird. Daran wird nicht ein Jota geändert durch die erzwungenen heuchlerischen Dankadressen, in welchen sich 130 000 Armenier für die ihnen vom Sultan erzeigten Gnadenbeweise bedanken; man

---

* Vgl. Pastor Lohmanns periodisch erscheinendes, die armenische Frage behandelndes Blatt „Auf der Warte", 1. [Gemeint ist das von E. Lohmann hrsg. und in Frankfurt am Main 1896 erschienene Organ „Auf der Warte – Fortlaufende Berichte über Ereignisse im Orient und der dort zum Besten der notleidenden Armenier unternommenen Unterstützungswerke". Unter diesem Titel überliefert sind die Nummern 1-5. Eine Fortsetzung gab es als „Beilage" zu der Zeitschrift „Der Freiwillige".]

weiß, mit welchen Mitteln man in der Türkei die Unterworfenen zur Lüge zwingen kann. So bleibt es denn bei der ungeheuerlichen aber unumstößlichen Tatsache: Der Sultan will die armenische Frage dadurch aus der Welt schaffen, daß er das armenische Volk beseitigt. Hat er das Ziel erreicht, dann wird es überhaupt keine armenische Frage mehr geben.

Was den oft gehörten Vorwurf betrifft, daß die Armenier als ein betrügerisches heruntergekommenes Volk das über sie hereingebrochene Blutgericht verschuldet haben, so ist dem gegenüber festzustellen, daß von Kennern des Landes, z.B. dem bekannten Orientreisenden Pastor Schneller, das Gegenteil behauptet wird. Dieser Mann hat die Armenier als die tüchtigsten Untertanen des Padischah bezeichnet, ja er erklärt sogar, daß die ganze Zukunft des Christentums im Orient auf diesem Volk beruhe. Vielleicht ist die Verschiedenheit der Urteile auch daraus zu erklären, daß die einen Beurteiler mehr die handeltreibenden Armenier von Konstantinopel, die andern mehr die ackerbauende Bevölkerung des eigentlichen Armeniens im Auge haben. Aber sei dem, wie ihm wolle, so viel ist gewiß, daß man auch ein betrügerisches Volk nicht ungestraft zu Tode martern darf. Will man durchaus einen tieferen Grund für das Geschehene ausfindig machen, so mag er in dem unausgeglichenen Gegensatz zwischen den unterworfenen Christen und den mohammedanischen Eroberern gefunden werden, dieser halbwilden tartarischen Rasse, welche der Bändigung durch die christliche Zivilisation heute noch ebenso widerstrebt, wie zur Zeit der Eroberung Konstantinopels im Jahre 1453. Als der nächste Anstoß zu den besprochenen Ereignissen aber muß immer der Umstand betrachtet werden, daß die Großmächte vom Sultan die Durchführung des Berliner Vertrags vom Jahre 1878 verlangten, wonach den Armeniern Schutz gegen die räuberischen Einfälle der Kurden und Tscherkessen gewährt werden sollte. Weil der Sultan diese Bestimmung nicht einhalten konnte oder wollte, (hat er doch 60 000 bis 70 000 Kurden zu den von ihm besonders bevorzugten Hamidjeh-Regimentern vereinigt,) so hat er beschlossen, den Armeniern den Mund zu stopfen, um ihre Klagen loszuwerden.

Wir sind aber den Lesern noch den Nachweis schuldig, daß die armenische Angelegenheit sich aus einer politischen Affäre in eine Art von Religionsprozeß verwandelte. Im Pariser Frieden vom Jahre 1856 hat die Pforte im Prinzip jeder Sekte Duldung zugestanden. Allein alle daraus sich ergebenden Zugeständnisse sind immer nur auf dem Papier geblieben, da das Religionsgesetz des Islam eine Gleichberechtigung der Ungläubigen oder Halbgläubigen (d. h. der Christen) mit den Verehrern des Propheten nicht gestattet. Und wenn auch der Sultan nur die politische Bedeutung der Armenier auf Null reduzieren wollte, so hat das türkische Volk zugleich mit religiösem Fanatismus das furchtbare Mordfest gefeiert; haben doch die mohammedanischen Priester ihren Segen zu dem Gemetzel gegeben, sind doch Tausende unter dem Gemurmel von Gebeten hingeschlachtet worden, wie sie beim Abtun von Hammeln gesprochen werden, hat man es doch extra darauf abgesehen, die armenischen Geistlichen durch die unerhörtesten Torturen zur Verleugnung ihres Glaubens zu zwingen, hat man doch den zu Tod Geängstigten die Wahl gelassen, entweder Mohammedaner zu werden oder aufs Grausamste sich ermorden zu lassen, hat man doch Hunderte, die sich zum Übertritt verstanden, vor allem Volk beschnitten, hat man doch die Kirchen aufs schändlichste entweiht, die Glocken herabgerissen, die Geistlichen gezwungen, auf die Türme zu steigen und mohammedanische Formeln in die Welt hinauszurufen. Tausende armenische Christen sind unter den furchtbarsten Martern standhaft geblieben, und die armenischen Märtyrer stellen sich würdig den Blutzeugen der ersten christlichen Jahrhunderte an die Seite.

Das unschuldig vergossene Blut aber schreit gen Himmel, und zwar nicht bloß gegen die Türken, welche höllische Qualen ersonnen haben, um ihre Opfer zu peinigen, sondern auch gegen die, welche solche Greuel hätten hindern können, wenn sie ihrem Wort den nötigen Nachdruck hätten geben wollen. Eine „Anklageschrift gegen die christlichen Großmächte" nennt Lepsius sein Buch, und eine Anklage müssen auch wir erheben: „Noten haben die Diplomaten geschrieben, Memorandums haben sie eingereicht seit achtzehn Jahren, in einem Meer von Tinte haben sie das armenische Volk ersäuft, zu einer tatkräftigen Intervention haben sie sich nicht aufgerafft." Ganz Europa ist mitschuldig dieser „mörderischen Gleichgültigkeit". Europa ist nicht bloß gleichgültig, es ist geradezu in eine Art von Lethargie verfallen. Es hat sich aus seinem Todesschlaf nicht aufwecken lassen durch das Jammergeschrei der Zweitausend, die in der Kirche zu Urfa mit Petroleum begossen und lebendig verbrannt wurden, noch durch das Wehklagen der 100 Frauen, die in Ksanta und Lessonk zerstückelt wurden, noch durch den Todesschrei der 600 Frauen und Jungfrauen, die bei dem Massenlustmord von Husseginik hingeschlachtet wurden ... Was Deutschland insbesondere betrifft, so hat es ja bekanntlich viel zu viel mit sich selbst zu schaffen, als daß es sich um die Greueltaten, die an einem andern Volk geschehen, bekümmern könnte. Man weiß nicht, ob man sich mehr über die Brutalität oder mehr über die Gedankenlosigkeit verwundern soll, womit abgedroschene Phrasen wiederholt werden wie das alte: „Wir haben keine Interessen im Orient", oder wie die anno 1876 geprägte Rede: „Die ganze bulgarische (sagen wir orientalische) Frage ist nicht die Knochen eines pommerschen Grenadiers wert." Der Mann, der dieses Wort erfand [gemeint ist Bismarck], hat durch die Herzlosigkeit, mit der er die armenische Frage behandelte, den Orden aus der blutbefleckten Hand des Sultans Abdul Hamid wohl verdient. Das Volk aber, das nichts Klügeres weiß, als jene einseitige und noch so kurzsichtige Interessenpolitik, bei der es heißt: „Es brennt im Haus des Nachbars, was geht's mich an?" als der Weisheit letzten Schluß zu preisen, ist mitschuldig an der ungeheuren Unterlassungssünde, die im Orient begangen wurde.

Seit wann sind denn die Deutschen so herzlos geworden? Seitdem sie nichts Höheres mehr kennen als ihre Nation. Gewiß die nationale Einheit ist ein Gut; wohl uns, daß wir sie haben; wir denken nicht daran, sie feil zu bieten, aber sie ist nicht das höchste Gut. *Deutschland geht nicht über alles, die Menschheit steht höher.* Der Deutsche kann damit, daß er seinen Zivilanzug mit dem Rock des Königs vertauscht, nicht sein Wesen ausziehen, das, wenn er noch der Stimme seiner innersten Natur gehorcht, ein gut Stück gesunden Weltbürgertums in sich birgt. Kein Volk ist so wie das deutsche dazu befähigt, an fremdem Wohl und Wehe Anteil zu nehmen und für die höchsten Güter der Menschheit mit opferwilliger Hingebung zu kämpfen. Daher die Begeisterung, mit der das kaiserliche Telegramm an Krüger aufgenommen wurde, worin das Haupt des deutschen Volkes gegenüber dem Verbrechen eines schnöden Friedensbruchs sich auf die Seite des gekränkten Rechtes stellte. An diesem *einen* Tage fühlten wir uns wieder als ein einig Volk, den Hader der Parteien und den Klassenkampf auf einen Augenblick vergessend. Das Herz des deutschen Volkes ist weit geworden; es hat sogar die Buren in Transvaal als seine Brüder angesehen.

Gehören nun die unglückseligen Armenier nicht auch zu unserer menschlichen Familie? Sind es nicht Christen, sind es nicht unsre Brüder, die man dort ermordet? Welche Begeisterung wäre durch das deutsche Volk gebraust, wenn man erfahren hätte, daß ein kaiserliches Telegramm den Abscheu über unerhörte Taten ausgesprochen und dem blutigen Frevel Halt geboten hätte! Statt dessen stehen unsere Beamte in den Diensten der Türkei und unsere Offiziere lassen sich dazu herbei, die türkischen Mordwaffen zu schärfen. Statt daß man die Beziehungen mit jener blutbefleckten Mißregierung abgebrochen hätte, wagt man es, dem deutschen Volk zu sagen, daß wir in einem Freundschaftsverhältnis zum osmanischen Reiche uns befinden. Kann auch ein ehrlicher Mensch der Freund eines Mörders heißen? „Wir verstehen die Haltung unserer deutschen Reichregierung nicht," sagt Willibald Beyschlag in den „Deutsch-evangelischen Blättern", „man mag um den Weltfrieden noch so besorgt sein; die Losung: Was im Orient vorgehen mag, ob dort ein Christenvolk erwürgt wird, mit Recht oder Unrecht, geht uns nichts an, ist eines großen Christenvolks und Staats nicht würdig. In tieftrauernder Erregung stehen die deutschen Christen zu Tausenden vor der unbegreiflichen Orientpolitik ihrer Regierung, einer Politik, die es fertig bringt, inmitten der armenischen Greuel dem Sultan intime Geschenke in die von frischem Christenblut triefenden Hände zu legen und der 'befreundeten Macht' fort und fort die deutschen Instruktöre für eine Soldateska zu liefern, die soeben zur Abschlachtung eines mit uns denselben Heilandsnamen tragenden Volks benützt worden ist."

So unverständlich uns die Haltung der Regierung in dieser Frage ist, so unbegreiflich ist uns das kaum einmal unterbrochene Schweigen unserer Volkvertreter. Kein Abgeordneter des Reichstags hat das rechte Wort gefunden, das gegenüber dem, was vorgefallen ist, am Platz gewesen wäre. Kein Mann ist aufgetreten zur Verteidigung der grausam verhöhnten Menschenrechte. Als aber im preußischen Abgeordnetenhaus ein fast politisch Toter den Minister über die Ausweisung des Armeniers Thumanan aus Deutschland interpellierte, da ist ihm die Antwort geworden: „Wir können bei den freundschaftlichen Beziehungen, in denen wir mit der Türkei und insbesondere mit deren hohem Souverän uns befinden, nicht dulden, daß innerhalb Deutschlands in einer die Türkei verletzenden Weise über die dortigen Zustände geredet werde." Darauf ein tiefes Schweigen in den Foyers. Uns fehlt der parlamentarische Ausdruck, wenn es gälte, die Szene richtig zu charakterisieren. Man möchte wünschen, daß ein Sturm der Entrüstung unser Volk durchbrauste, um die Schmach, die uns geschehen ist, hinwegzufegen.

Auf dem VII. Friedenskongreß zu Budapest hat der Engländer James Capper die treffenden Worte gesprochen: „Die vielen Heere, die schrecklichen Geschütze haben angeblich die Bestimmung, den Frieden zu stiften und zu erhalten. Nichts desto weniger haben 6 Millionen Soldaten in Europa nicht genügt, um die Skandale zu verhindern, welche sich im Orient ereignet haben. Man darf aber nicht zusehen, wie Mörder ein ganzes Volk niedertreten. Wenn ich auf der Gasse sehe, daß ein Kind von Spitzbuben angegriffen wird, so halte ich es für meine Pflicht, zum Schutz des Angegriffenen mit beiden Fäusten dreinzufahren, und wenn ich im Kampfe mein Leben lassen sollte, so würde ich es gerne tun." Wie stimmt nun aber dieser kriegerische Ton zu unseren friedlichen Prinzipien? Zunächst ist festzustellen, daß die Friedensfreunde jederzeit das Recht der Völker zur Verteidigung mit wünschenswerter Klarheit anerkannten. Verteidigungskriege sind erlaubt, solang sie nicht durch eine über den Staaten stehende rechtliche Ordnung überflüssig gemacht werden. Solang es daran fehlt, hätten die Armenier das Recht, ihre Frauen und Kinder, ihre Ehre und ihren Herd gegen barbarische Rotten entmenschter Feinde zu verteidigen; und Schillers Wort besteht heute noch in voller Kraft:

> „Wenn der Bedrückte nirgends Recht kann finden,
> Wenn unerträglich wird die Last, greift er
> Hinauf getrosten Mutes in den Himmel
> Und holt herunter seine ewigen Rechte,
> Die droben hangen unveräußerlich
> Und unzerbrechlich wie die Sterne selbst."

Wir wissen aber: Wenn Armenien sich erhebt, so tut es das mit keinem anderen Erfolg als dem, daß es auf neue in den Staub getreten wird. Drum ist es einfach Menschenpflicht und Christenpflicht, den schauderhaft Gequälten beizuspringen. Europa hat mit einem Wort die Pflicht der Intervention in der Türkei. Die Bedenken, die sich dagegen von dem Standpunkt aus erheben könnten, daß doch in internationalen Beziehungen der Grundsatz der Nicht-Intervention anzuwenden sei, sind schon von [Johann Caspar] Bluntschli in seinen „völkerrechtlichen Briefen" vom Dezember 1876 zerstreut worden. „Die türkische

Herrschaft," sagt er, „bleibt eine launenhafte Tyrannei. Sie erniedrigt, entehrt und beraubt ihre Untertanen. Wenn diese aber ihre Leiden unerträglich finden und sich auflehnen, dann wird sie grausam und wild und scheut vor blutigen Greueln nicht zurück. Das aber sind keine Zustände, die das europäische Staats- und Rechtsbewußtsein ertragen kann. Sie sind unwürdig der heutigen Zivilisation und eine Schmach für Europa. Europa kann diese Mißwirtschaft um so weniger ertragen, als es sich erinnert, daß die besiegten und unterdrückten Völkerschaften mit den europäischen Kulturvölkern durch ihre Sprache, Religion und Geschichte nahe verwandt sind, und daß die Gewalthaber fremde asiatische Eindringlinge und von den europäischen Kulturvölkern durch den Islam und ihre turanische Rasseneigenschaften geschieden sind." ... Die Untersuchung schließt mit dem Ergebnis ab: „So weit es nötig ist, die gewaltsamen Hindernisse einer barbarischen Herrschaft zu entfernen und die naturgemäße Entwicklung zu ermöglichen, daß die alten Kulturländer des Orients der europäischen Zivilisation wieder erschlossen werden – soweit hat Europa die Pflicht und daher auch das Recht, diese notwendige Sorge zu üben und wirksam zu machen." – Dem gegenüber wird die Nichteinmischungspolitik bekanntlich besonders in Deutschland als die wichtigste Errungenschaft der modernen Diplomatenkunst gepriesen; man merkt nicht, wie kurzsichtig diese Politik ist. Man will den Frieden erhalten, indem man die Integrität der Türkei proklamiert, sie wie ein schalloses Ei behandelt und meint, man könne einem Turm, der sich zum Einsturz neigt, gebieten: „Falle nicht." Daß die Zerrüttung und der endliche Zusammenbruch damit nicht aufgehalten werden kann, das werden die Mächte an irgend einem Ende dieses morschen und dem Untergang geweihten Reichs erleben. Der Friede soll, wenn irgend möglich, erhalten bleiben, gewiß aber nicht auf Kosten der Humanität. Der Unterschied zwischen unserer Meinung und dem herrschenden System ist einfach der, daß wir die Moral und Menschlichkeit in die Politik eingeführt wissen wollen und der Überzeugung leben, daß die Nichtbeachtung dieser Grundwahrheit sich bald genug an unsern Völkern rächen muß. Man fragt uns: Intervention, das heißt der Krieg. Wir geben das zunächst nicht zu, obwohl wir es bei aller Friedensliebe nicht für ausgeschlossen halten, daß das Türkenregiment durch einen letzten Krieg beseitigt werden könnte. Wenn aber die Intervention mit dem

Hochdruck der ganzen öffentlichen Meinung Europas und mit dem Nachdruck der ganzen europäischen Macht geschehen würde, so würde doch die türkische Regierung kaum des Wahnsinns fähig sein, wirklich ganz Europa die Stirne zu bieten. Die Einmischung der Mächte dürfte aber keineswegs platonisch bleiben. Die Türkenherrschaft müßte ein für allemal beseitigt werden. „Es gibt keinen vernünftigen Rat,“ sagt Beyschlag am angegebenen Ort [„Deutsch-evangelischen Blättern“], „als den, die unverbesserliche türkische Regierung abzuschaffen, den Sultan zu mediatisieren und seine europäischen wie anatolischen Provinzen unter die Großmächte zur Verwaltung zu verteilen, dasselbe im Großen, was man mit der Unterstellung Bosniens unter österreichische Verwaltung im Kleinen getan hat. Wie würden sich die dafür zu bringenden Opfer lohnen durch Gewinnung eines Kolonialgebiets, in das man die deutsche Auswanderung mit gutem Gewissen könnte abfließen lassen!“ Das ist nicht der einzige aber immerhin *ein* gangbarer Weg. Die Friedensfreunde haben längst die Lösung aller orientalischen Wirren nach dem Selbstbestimmungsrecht der Völker vorgeschlagen, die Zerlegung der Türkei nach dem bekannten Grundsatz: Mazedonien den Mazedoniern, Armenien den Armeniern, Kreta den Kretern. Den berechtigten Forderungen der Großmächte wäre genügt, wenn der Bosporus und die Dardanellen positiv neutralisiert und Konstantinopel zum Freihafen gemacht würde. Der Zehnte Kongreß der „Ligue internationale de la liberté et de la paix“ vom Jahr 1876 hat es klar und bündig ausgesprochen: „Die Türkei hat sich durch die von ihr begangenen Greuel außerhalb des europäischen Konzerts gestellt. Die unterdrückten Völker haben das Recht, ihre Freiheit zu erkämpfen. Es ist die Pflicht der europäischen Mächte, zu intervenieren, um diesen Greueln ein Ende zu machen. Die befreiten Völker sollen das Recht haben, sich eine eigene Regierung nach ihrem Belieben zu geben. Dann sollen sie sich zu einer Föderation vereinigen; endlich soll die Föderation neutralisiert werden unter der Garantie der Mächte.“

Zieht man ein Provisorium der endgültigen Ordnung der Dinge jetzt noch vor, so mache man die von der türkischen Bestialität am schwersten betroffenen Provinzen autonom. Was das armenische Revolutionskomitee verlangt, ist, solang die Türkenherrschaft noch besteht, unumgänglich nötig, wenn das Leben der Armenier geschützt werden soll. Ich kann mir es nicht versagen, einiges aus jenem Manifeste von Sofia zu zitieren. „Europa hat die entsetzlichen Verbrechen mit angesehen und geschwiegen. Es hat nicht allein die Hand der Henker nicht aufgehalten, es hat noch die Zumutung an uns gestellt, daß wir uns fügen sollen. Man hat unsere Menschenrechte angetastet, uns tödlich in unsrer nationalen Würde verletzt und uns gezwungen, den Schrei der Einsprache in unserem Blut zu ersticken. 'Gewalt geht vor Recht!' hat uns Europa in seiner mörderischen Gleichgültigkeit gesagt, und wir, die aller menschlichen Rechte Beraubten, wir werden danach handeln. Wir werden das unerträgliche Joch des Sultans zerbrechen. Die Zeit der diplomatischen Spiele ist vorbei. Das vergossene Blut von unsern 100 000 Märtyrern schreit um Rache. Was auch unsere Feinde gegen uns vorbringen mögen, so wiederholen wir, daß das, was wir gefordert haben, nur das unerläßlich Notwendige war. Wir haben verlangt und verlangen: Ernennung eines Kommissärs von Armenien, von Geburt ein Europäer, von den sechs Großmächten ernannt. Dieser hätte die höchsten Würdenträger zu ernennen. Miliz, Gendarmerie und Polizei soll aus der Landbevölkerung genommen werden und unter dem Befehl von europäischen Offizieren stehen. Die Kulte, der Unterricht und die Presse sollen unbedingt freigegeben werden etc. – Das sind unsere Forderungen und dieselben durchzusetzen, scheuen wir vor keinem Opfer zurück." Würden die Forderungen des armenischen Komitees erfüllt, so wäre damit der erste Schritt zur Unabhängigkeit des Landes geschehen.

Die vom Sultan zugestandenen Reformen bleiben, wie man seit Jahrzehnten wissen könnte, gewöhnlich nur auf dem Papier; das ist ja eitel Spiegelfechterei. Die den Blutbädern entronnenen Armenier haben jetzt verhältnismäßig Ruhe, aber niemand hält sie für geborgen. Sie sind ihres Lebens nicht mehr sicherer als das Schwein, das auf den Tag der Schlachtung gemästet wird.

Wenn die europäischen Großmächte vor einem tatkräftigen Vorgehen zurückscheuen, so werden hierfür gewöhnlich zweierlei Gründe ins Feld geführt. Man fürchtet erstens, daß bei einem energischen Eingreifen der christlichen Staaten die unter türkischer Herrschaft lebenden Christen erst recht das Äußerste erwarten müßten, daß dann der letzte Christ massakriert würde. Es ist aber doch merkwürdig, daß anno 1877, nachdem 25 000 Bulgaren hingeschlachtet worden waren und der russisch-türkische Krieg begann, die Schlächtereien keineswegs fortgesetzt wurden, offenbar darum, weil die Türkei all ihre Kräfte zusammen nehmen mußte im Kampf gegen die von außen kommende Gefahr. Zum andern aber fürchten sich die Mächte mehr als vor dergleichen eingebildeten Möglichkeiten vor sich selber. Es ist die über alles Maß traurige himmelschreiende Eifersucht der Mächte, die sie hindert, das von Menschlichkeit und Christentum verlangte Rettungswerk zu tun. Das Bild der Hunde, die um einen Knochen kauern und sich gegenseitig anzuknurren pflegen, stets bereit, den ersten, der das Bein sich anzueignen wagen sollte, anzupacken, ist zu wenig schmeichelhaft, als daß wir daran denken dürften, es in Anwendung zu bringen. Dagegen muß es immer wieder ausgesprochen werden, daß Europa sich des ungeheuersten Verbrechens schuldig oder doch mitschuldig macht, wenn es den schmählichen unwürdigen Streit um das vom „kranken Mann" zu hinterlassende Vermögen nicht wenigstens solang vertagen kann, bis es den in Todesnot um Hilfe Flehenden geholfen hat. Warum kann nicht schon heute ein Kongreß berufen werden, um über das zu erwartende Erbe ein Testament zu machen? Sollten die Diplomaten wirklich erst durch den Donner der Kanonen klug und weise werden? Ist bei den komplizierten Verhältnissen der Balkanhalbinsel wirklich Klarheit zu schaffen, wenn man den Knoten mit dem Schwert zerhaut? Hat Rußland anno 1877 einen großen Vorteil für sich selbst herausgeschlagen? Hat ihm der Berliner Kongreß nicht das Konzept ganz gehörig verrückt? Warum also den nötig werdenden Kongreß nicht lieber schon vorher halten, ehe Tausende in einem möglichen türkischen Erbfolgekrieg ihr Blut vergossen haben? Kongresse tun es freilich nicht allein; die Mächte müßten sich verbünden, dann wäre die Erlösung aus dem gegenwärtigen Elend abzusehen. Würden die christlichen Mächte durch die entsetzlichen Verbrechen, an denen ihre Zwietracht mitschuldig ist, aufgeschreckt, den Gedanken der „europäischen Einheit" fassen und sich die Hand zum Frieden reichen, zum Bund wider Unmenschlichkeit und Barbarei, so hätten die armenischen Christen nicht umsonst geblutet. Vielleicht, daß der europäische Frieden die Frucht ist, die aus der blutigen Saat ersteht.*

In der im September 1896 abgehaltenen Versammlung der Stuttgarter Friedensfreunde habe ich nach einem Vortrag über das vorstehend behandelte Thema folgende Resolution zur Annahme empfohlen:

1) In Anbetracht der entsetzlichen aller Menschlichkeit spottenden Greuel, welche die Türken in Armenien begangen haben, erklärt die Deutsche Friedensgesellschaft, Ortsgruppe Stuttgart, daß sie dem aus tausend Wunden blutenden armenischen Volk ihre aufrichtige Sympathie entgegenbringt, das Vorgehen der türkischen Regierung aber aufs Schärfste verurteilt;

2) daß sie die selbstsüchtige Interessenpolitik der europäischen Mächte, welche durch ihre Gleichgültigkeit sich an der Zertretung des armenischen Volks mitschuldig machen, aufs lebhafteste bedauert;

3) daß sie eine befriedigende und zum Frieden führende Lösung der Orientkrisis nur unter der Bedingung für möglich hält, daß der türkischen Herrschaft durch das Zusammenwirken sämtlicher Großmächte ein Ende bereitet und daß die von den Türken unterworfenen Völkerschaften als selbständige Staaten konstituiert werden, die ihrerseits eine Föderation unter Aufsicht Europas zu bilden hätten, daß endlich die Meerengen des Bosporus und der Dardanellen neutralisiert und Konstantinopel zu einem Freihafen erklärt wird.

---

* Die Türken mögen im Privatverkehr umgänglich, ehrlich, sogar nobel sein; sobald ihr religiöser Fanatismus erregt wird, sind sie wilde Tiere. Professor [Wilhelm] Foerster rügt in dem vorliegenden Artikel „die übermäßige Leidenschaftlichkeit des Ausdrucks, in welcher neben dem berechtigten Zorn über die Unmenschlichkeiten der türkischen Wirtschaft leider noch allzu deutlich die religiöse Erbitterung gegen die Ungläubigen hervortrete. Auch hier trübe sich der Gerechtigkeitssinn durch das Gefühl einer engeren sozialen Zusammengehörigkeit mit der einen der beiden streitenden Seiten." Ich kann versichern, daß ich bei der Kritik der orientalischen Zustände nicht von konfessionellen Gesichtspunkten geleitet war. Es ist allerdings richtig, daß ich das Christentum für eine Religion höherer Stufe ansehe als den Islam, der schon mit seiner unsittlichen Vielweiberei und mit der Segnung des Schwerts sich als eine Religion niederer Ordnung darstellt. Trotzdem bin ich bereit, anzuerkennen, daß auch der Islam eine weltgeschichtliche Kulturmission zu erfüllen hatte; ich weiß, daß wir der mohammedanischen Kultur u. a. ein gut Stück unserer Mathematik zu verdanken haben und daß diese Zivilisation besonders in ihren Baudenkmälern wie in ihren Dichtungen eines gewissen Ruhmes und einer selbständigen Berechtigung nicht entbehrt; ich weiß

ebenso wohl, daß auch die Geschichte der christlichen Kirche viele blut-
befleckte Blätter in sich hält – ich erinnere an die Schandtaten des Drei-
ßigjährigen Kriegs, an das Blutbad der Bartholomäusnacht und tausend
andere Greuel; ich weiß, daß wir in der Sturmflut einer sozialen Revolution vielleicht auch „Barbarisches" erleben mußten, daß wir also infolgedessen nicht berechtigt wären, Steine auf das Türkenregiment zu
werfen, ich gebe auch bereitwillig zu, daß es Pflicht ist, wie Professor
Förster will, sich in die Seele der Anderen uns Fernerstehenden hinein-
zuversetzen und dadurch auch in ihnen das Gemeinsame zu wecken –
aber, das alles zugegeben, so bleibt doch zweierlei bestehen: 1) Ich bin
zur Beurteilung der türkischen Greuel nicht durch konfessionelle Einsei-
tigkeit gedrängt worden; die Leidenschaftlichkeit des Ausbruchs erklärt
sich ganz einfach aus der Empörung des menschlichen Gefühls. 2) Wenn
ich mich in die Seele der Türken hineinversetze, so kann ich ja verstehen,
daß sie durch das Drangsalieren der Mächte und vielleicht auch durch
Ausbeutungen, denen sie von Seiten der handeltreibenden Armenier
ausgesetzt sein mochten, in Wut geraten konnten, aber im allgemeinen
finde ich in der Türkenseele außer einer gewissen partriarchalischen Bie-
derkeit nichts als Fanatismus, wilde Gier und unmenschliches Barbaren-
tum. Wenn sich die Türken wirklich bessern so bin ich der erste, der ihnen die Berechtigung des Daseins zuerkennen wird. – [Umfrid bezieht
sich hier auf Wilhelm Foersters Besprechung der ersten Auflage seines
Buches „Friede auf Erden", erschienen unter dem Titel „Bücherschau" in
der Zeitschrift „Ethische Kultur", V. Jg., Nr. 30, S. 240, 24. Juli 1897.
Wilhelm Foerster, Astronom, Universitätsprofessor, Publizist und von
1865 bis 1904 Direktor der heute nach ihm benannten Berliner Stern-
warte, rühmte Umfrids Publikation als „höchst wohltuendes Büchlein"
und schrieb u.a.: „Es tut wohl, darin einem nicht-katholischen Geistlichen zu begegnen, welcher der Wahrheit und Gerechtigkeit auch im po-
litisch-sozialen Leben unbedingt die Ehre gibt, während der größte Teil
der nicht-katholischen, besonders der höheren Geistlichkeit Deutschlands
entweder sich auf den Standpunkt des Militärpfarrers stellt und das
Streben nach Frieden und höherer Gerechtigkeit im politischen und sozialen Leben in echtestem Polizei-Jargon als ‚vaterlandslos' und ‚revolutionär' behandelt oder unklaren Sozialismus treibt und daneben sich
durch militärisch-chauvinistische Schwärmereien an höchsten Stellen
liebes Kind zu machen sucht." Des weiteren merkte Foerster an: „Am
stärksten bei der englischen Kirche, aber auch bei der deutschen Geistlichkeit erkennen wir bei der Beurteilung der Orientwirren noch eine
übermäßige Leidenschaftlichkeit des Ausdrucks, in welcher neben dem
berechtigten Zorn über die Unmenschlichkeiten der türkischen Wirtschaft

leider noch allzu deutlich die religiöse Erbitterung gegen die 'Ungläubi-gen' hervortritt." Wilhelm Foerster, Vertreter eines ethisch begründeten Pazifismus und als Mitarbeiter Alexander von Humboldts geprägt von einem der Aufklärung, Humanität und übernationalen Bindungen ver-pflichteten Deutschland, wandte sich als einer der wenigen deutschen Gelehrten 1871 gegen die Propaganda zugunsten der Annexion Elsaß-Lothringens, die er als „andauerndes Unheil für Europa" und als Wider-spruch zu der „höheren Kultur Deutschlands und überhaupt einer höhe-ren Stufe der internationalen Gesittung" begriff.

GEORG GRADNAUER

Alarmierende Nachrichten aus Armenien und die Pflichten der deutschen Regierung

Rede, gehalten im Deutschen Reichstag
am 3. März 1902

Georg Gradnauer

Meine Herren, ich will … Sie noch mit einer Angelegenheit befassen, die der Deutsche Reichstag meines Wissens kaum je ausführlicher behandelt hat, die aber zu behandeln mir als eine moralische Pflicht dieses Hauses erscheint. Ich möchte Sie in einen ganz anderen Weltteil führen als den, von dem ich soeben gesprochen habe. Ich möchte mir erlauben, mit einigen Worten hinzudeuten auf die Nachrichten, die auch in neuerer Zeit wieder gekommen sind über die Zustände in den türkischen Teilen von Armenien. Der deutsche Reichstag sollte über derartige Vorkommnisse nicht so stillschweigend hinweggehen, wie es üblich ist; er sollte nicht der Weisheit der Regierung alle diese Angelegenheiten vollständig überlassen, sondern sollte auch in diesen Dingen sich seine Meinung bilden und sie aussprechen.

Meine Herren, lassen Sie mich ganz kurz die Tatsachen, um die es sich handelt, hier anführen. Es war zuletzt im Jahre 1895, als die europäische Aufmerksamkeit auf die blutigen Vorgänge in Armenien gelenkt wurde, als man sich auch bei uns in Deutschland entsetzt hat über die Furchtbarkeiten, die unter dem türkischen Regiment in den armenischen Landesteilen vorgekommen sind. Damals haben auch mehrere europäische Mächte, vor allem England und Rußland, ein Memorandum an die Türkei ergehen lassen – es war im Mai 1895 –, in dem der türkischen Regierung eine bessere Verwaltung für jene Landesteile auferlegt wurde und eine Abstellung der dort vorgekommenen furchtbaren Massaker und Greuel gefordert wurde. Die türkische Regierung hat damals jenes Memorandum angenommen, hat sich verpflichtet, diese Bestimmungen und Beschlüsse durchzuführen. Leider aber ist von einer Verwirklichung dieser Versprechungen nicht die Rede, vielmehr zeigte sich, daß auch seit jener Zeit und in steigendem Maße wieder in letzten Jahren von neuem in jenen Landesteilen furchtbare Verwüstungen, Zerstörungen des Eigentums, furchtbare Metzeleien der Armenier vorgekommen sind.

Die Ursachen, aus den diese Dinge dort entstanden sind, liegen ohne Zweifel nicht nur in der Rassenverschiedenheit und in der Religionsverschiedenheit der Türken, Tscherkessen und Kurden auf der einen Seite und der Armenier auf der anderen Seite, sondern sie liegen insbesondere in den wirtschaftlichen und kulturellen Verhältnissen. Die armenische Bevölkerung neigt europäischen Einrichtungen zu, sie ist eine geweckte, lebhaft vorwärts strebende Bevölkerung, die die konservativen und vielfach verrotteten Zustände unter dem türkischen Regiment schwer erträgt und sich von ihnen abzuwenden versucht. Aus dieser Art der armenischen Bevölkerung, zu der dann allerdings die Religions- und Rassenverschiedenheit kommt, erwachsen jene wirklich furchtbaren Zustände, die dort herrschen. Der Regierung in Konstantinopel sind die Armenier unbequem; sie verhindert sogar die Armenier an der Auswanderung, weil sie fürchtet, daß dieselben dann vom Auslande her konspirieren könnten gegen die Regierung in Konstantinopel.

Der Zustand, der in Armenien herrscht, ist ein Zustand allgemeiner Rechtlosigkeit, dauernder Unsicherheit, fortwährender Plünderungen, ungerechter Einkerkerungen und Eigentumsberaubungen. Es werden ganze Ortschaften vernichtet, und auch Frauen und Kinder werden nicht verschont. Besonders seit Mitte des Jahres 1900 sind sehr alarmierende Nachrichten aus Armenien gekommen trotz der strengen Zensur, welche die Regierung des Sultans verhängt. Im Juli 1900 wurde berichtet von furchtbaren Metzeleien in Spagsak, einem Ort bei Sassun. Das Gebiet von Sassun und Musch ist es ja, in welchem sich diese Vorgänge hauptsächlich abgespielt haben. 150 bis 200 Menschen wurden getötet, darunter Frauen und Kinder, die sich in die Kirche geflüchtet hatten. Im September 1900 brannten die Kurden das Kloster Bor bei Bitlis nieder, und es fanden Metzeleien statt in Chouchenemark bei Musch, es wurde der Ort durch Kurden verbrannt. Zahlreiche ähnliche Nachrichten sind über die Ortschaften Eghak, Khnauß, Partak und andere gekommen. Und noch schlimmer sind diese Dinge geworden seit Mitte des Jahres 1901. In einer französischen Zeitschrift, die den Interessen der Armenier dient, „Pro Armenia", findet sich eine Unzahl von Nachrichten über die dortigen Ereignisse, über die schweren Bedrückungen, unter denen die armenische Bevölkerung leidet. Man kann nicht sagen, daß diese Nachrichten unoffiziell, unbeglaubigt wären, sondern diese Nachrichten haben bereits, wie ich erwähnen möchte, eine Bestätigung gefunden durch die Ausführungen des Herrn Ministers des Auswärtigen von Frankreich, des Herrn [Théophile] Delcassé. Herr Delcassé hat am 14. November vorigen Jahres, als in der französischen Kammer über diese Dinge gesprochen wurde, ausgeführt, daß die Berichte aller seiner Agenten festgestellt hätten die vollständige Unsicherheit jenes Landes und die Mordtaten, die sich dort vollziehen, daß sie ferner festgestellt hätten, daß die Armenier Bestimmungen unterworfen sind, die sie hinderten, wirtschaftlich vorwärts zu kommen. Er hat ferner ausgeführt: „Ich habe die Berichte gelesen, die alle die beklagenswerte Lage der Landesstriche bezeugen, in den sich diese Metzeleien und Massaker vollziehen, von denen einige übrigens dementiert oder wenigstens nicht bestätigt worden sind. Es ist zu wahr, daß die Reformen von 1878 bis 1896 nicht genügend zur Anwendung gelangt sind, daß die Christen in diesen Provinzen nicht die ihnen von Rechts wegen ziemende Lage inne haben, daß die Armenier unter der allgemeinen Unsicherheit besonders leiden."

Wiederum sind im Laufe der letzten Monate und seit Mitte vorigen Jahres Nachrichten gekommen, die ebenfalls zeigen, daß bis auf den heutigen Tag dort fortgesetzt die schwersten Greuel verrichtet werden, so aus den Orten Marnik, Scheikh-Alan, Guravia u.s.f., die zerstört sind, und deren Einwohner, soweit sie nicht getötet wurden, sich ins Gebirge flüchten mußten. Ein Brief, der in der vorhin von mir genannten Zeitschrift veröffentlicht wurde, ruft aus: „Da liegt Musch und die ganze Ebene in Flammen, da Sassun in Todeskämpfen."

Meine Herren, es ist eine endlose Reihe solcher Geschehnisse, die vorgekommen sind, mit deren Aufzählung ich Sie aber nicht ermüden will. Ich will nur noch sagen, daß keine Instanz vorhanden ist, die im türkischen Reiche selbst eine Besserung schaffen könnte. Die Bischöfe und Geistlichen in Armenien dürfen nicht wagen, Beschwerden an die Behörden zu bringen. Sie werden gefangen gesetzt als Mitverschworene, wie überhaupt die türkische Regierung jeden Armenier, der in irgendeiner Weise gegen die furchtbaren Bedrückungen Klage erhöbe, als einen Empörer, als einen Hochverräter beschuldigt und verurteilt. Auch das armenische Patriarchat in Konstantinopel, das die einzige Hoffnung der Armenier gewesen ist, ist völlig ohnmächtig. Es hat bereits seit November 1900 seine Sitzungen völlig aufgegeben, in dem es erklärte, daß die systematische Mißachtung seiner Vorstellungen durch die Hohe Pforte seine Tätigkeit zwecklos mache.

Ich möchte den Herrn Staatssekretär des Auswärtigen Amts um Auskunft bitten, ob ihm diese Dinge bekannt sind, ob er Nachrichten erhalten hat, die diese auf Grund der Zeitungsnachrichten mitgeteilten Dinge bestätigen, und ob er nicht der Meinung ist, daß es eine Pflicht der deutschen Regierung ebenso wie auch der anderen Regierungen ist, die den Berliner Vertrag unterzeichnet haben, endlich geeignete Vorstellungen in Konstantinopel zu erheben und Mittel zu suchen, die diesen Zuständen ein Ende machen. Ich glaube, Deutschland hat eine besondere Pflicht auf diesem Gebiet! Der Deutsche Kaiser selbst hat vor kurzer Zeit, als er seine Reise nach dem Orient machte, die besonderen freundschaftlichen Beziehungen, die wir zur Türkei haben, stark betont. Der Deutsche Kaiser hat damals in einer Rede die Äußerung getan, daß der Beweis erbracht sei, daß zwei so große Völker – nämlich das deutsche Volk und das türkische –, die von verschiedener Abstammung und verschiedenen Glaubens sind, recht gute Freunde werden können, die im friedlichen Wettbewerb sich gegenseitig zu nützen vermögen. Wenn so unsere Beziehungen zur Türkei sind, so, meine ich, ist es eine besondere Verpflichtung, daß wir auch einmal uns wieder darum kümmern, ob nicht jenen in der Türkei bedrückten Stämmen eine Erleichterung verschafft werden könnte. Wir sind berechtigt, derartige Forderungen zu erheben; denn im Berliner Vertrag von 1878 ist ausdrücklich vorgesehen, daß die unterzeichneten Mächte dieses Vertrages das Recht haben sollen zu überwachen, ob die Bestimmungen, die zum Schutze Armeniens damals getroffen worden sind, auch zur Ausführung kommen. Nun, meine Herren, diese Schutzbestimmungen sind nicht zur Ausführung gekommen, vielmehr sind die Zustände in jenen Gebieten so schlecht wie je. Ja, es ist zu befürchten, daß sie in Zukunft sich weiter verschlechtern. Darum, meine ich, möge die deutsche Regierung auch auf diesem Gebiete einer Pflicht nachfolgen, sich Klarheit über diese Dinge schaffen und bei der türkischen Regierung Schritte tun, die jenem gequälten und niedergebeugten Volke Hilfe in Aussicht stellen. *(Bravo! bei den Sozialdemokraten.)*

Aus: Stenographische Berichte über die Verhandlungen des Reichstags. X. Legislaturperiode. II. Session. 1900/1903. Fünfter Band. Von der 132. Sitzung am 1. Februar 1902 bis zur 168. Sitzung am 18. April 1902. Von Seite 3817 bis 4908, Berlin 1902, S. 4542 ff.

HELMUT DONAT

Zur Biographie von
Georg Gradnauer*

Georg Gradnauer, am 16. November 1866 in Magdeburg geboren, entstammte einem jüdischen Elternhaus. Nach dem Besuch des Kloster-Gymnasiums und der Reifeprüfung im Jahre
1885 studierte er Geschichte, Literatur und Philosophie an den
Universitäten in Genf, Berlin, Marburg und Halle an der Saale,
wo ihn die Philosophische Fakultät aufgrund der Arbeit „Mi-
rabeaus Gedanken" über die Erneuerung des französischen
Staatswesens im September 1889 promovierte. Als Einjährig-
Freiwilliger diente er danach beim 8. Infanterie-Regiment, das
er als Unteroffizier d. L. verließ. Gradnauer schloß sich der sozialdemokratischen Bewegung an und war von 1891 bis 1896
als leitender politischer Redakteur der „Sächsischen Arbeiter-
zeitung" in Dresden tätig. 1893 kandidierte er im Wahlkreis
„Dresden links der Elbe" für den Reichstag. 1897 bis 1905 wirkte er als politischer Redakteur am „Vorwärts", dem Zentralorgan der SPD in Berlin. Als Vertreter des bereits genannten
fünften sächsischen Wahlkreises zog Gradnauer 1898 als SPD-
Abgeordneter in den Reichstag ein, dem er mit einer Unterbrechung von 1906 bis 1912 bis zu dessen Auflösung im November 1918 angehörte. Infolge der starken radikalen Strömung in
der Berliner Partei vermochte er sich indes mit seinen mehr revisionistischen Auffassungen nicht im „Vorwärts" zu halten und

---

* Vgl. Reichshandbuch der Deutschen Gesellschaft. Das Handbuch der
  Persönlichkeit in Wort und Bild. Erster Band, Berlin o.J. [1930], S. 578;
  Herrmann A.L. Degener, Wer ist's? Unsere Zeitgenossen. IX. Ausgabe,
  Berlin 1928, S. 514; S. Wininger, Große Jüdische National-Biographie.
  Ein Nachschlagewerk für das jüdische Volk und seine Freunde. Zweiter
  Band, Czernowitz 1927, S. 512; Max Schwarz, MdR – Biographisches
  Handbuch der Reichstage, Hannover 1965, S. 657; Walther Killy/Ru-
  dolf Vierhaus, Deutsche Biographische Enzyklopädie. Bd. 4, München/
  New Providence/London/Paris 1996, S. 119

kehrte 1906 nach Dresden zurück, wo er sich der „Dresdner Volkszeitung" bis 1918 als leitender politischer Redakteur zur Verfügung stellte. Die Revolution von November 1918 machte ihn zum Justizminister in der neugebildeten sächsischen Regierung. Im Januar 1919 wurde er nach dem Ausscheiden der USPD und dem Rücktritt von Robert Richard Lipinski Minister des Inneren und Vorsitzender des Rates der Volksbeauftragten im Freistaat Sachsen. Ebenso war Gradnauer 1919 Mitglied der Nationalversammlung und des Reichstages (1920-1924). Am 14. März 1919 wählte ihn die Volkskammer Sachsens zum Ministerpräsidenten. Im Zusammenhang mit dem „Chemnitzer Blutbad", der zeitweiligen Ausrufung des Kriegszustandes durch Generalmajor Georg von Maercker und dem Lynchmord an Kriegsminister Gustav Neuring legte er das Amt aber am 22. April 1920 nieder. Wenig später, im Mai 1920, übernahm Gradnauer im ersten Kabinett Wirth das Reichsministerium des Inneren. Im Oktober 1921 trat er mit dem Kabinett Wirth zurück. Wieder in sächsischen Diensten, war er von November 1921 bis 1931 in Berlin als Sächsischer Gesandter und stimmführender Bevollmächtigter zum Reichsrat wirksam. Nach der nationalsozialistischen Machtübernahme wurde er 1933 verhaftet und war wegen seiner jüdischen Herkunft und seiner politischen Überzeugungen Verfolgungen ausgesetzt. Im Januar 1944 erneut festgenommen, verschleppten ihn die Nazis bis zum Kriegsende in das Konzentrationslager Theresienstadt. Georg Gradnauer starb am 18. September 1946 in Berlin-Schlachtensee. In den Jahren vor 1933 war er Mitglied des Reichsdisziplinarhofes sowie des Präsidiums des Central-Comités zur Bekämpfung der Tuberkulose. Aus seiner Ehe mit Anna Luise Vogel gingen zwei Söhne hervor. Von seinen Schriften sind hervorzuheben „Das Elend des Strafvollzugs" (1905), „Verfassungswesen und Verfassungskämpfe in Deutschland" (1909), „Wahlkampf! Die Sozialdemokratie und ihre Gegner" (1911) und „Die deutsche Volkswirtschaft" (1921, zusammen mit Robert Schmidt).

HELMUT DONAT

Gegner deutschen Machtdenkens und Armenier-Freunde der ersten Stunde: Eduard Bernstein und Otto Umfrid

Eduard Bernstein (1850-1932) – Für Frieden und sozialdemokratische Völkerpolitik[1]

Am Abend des 26. Juni 1902 machten sich in Berlin etwa 1500 Personen auf, um einen Reichstagsabgeordneten zu hören – unter ihnen zahlreiche Angehörige der Berliner russischen, bulgarisch-rumänischen und armenischen Kolonie. Sie waren auf dem Weg zu einer „Volksversammlung", die in den „Germania-Sälen" in der Chausseestraße stattfinden sollte.[2] Der Vortragende war Eduard Bernstein, Sozialdemokrat, Journalist, Historiker und Politiker – bekannt geworden als Begründer und „Vater des Revisionismus".

Leidenschaftlich ergriff er für das armenische Volk Partei. Kein deutscher Politiker hat nach ihm jemals wieder so klar und unmißverständlich die blutigen Massaker an den Armeniern öffentlich zur Sprache gebracht, die Greueltaten der türkischen Regierung verurteilt, die Mitverantwortung der europäischen Großmächte an den Pranger gestellt und von der eigenen Regierung verlangt, ihren Einfluß auf die Türkei „energisch" geltend zu machen, um die Rechte der Minderheiten zu gewährleisten. Doch Bernsteins Forderungen und Warnungen – bereits über ein Jahrzehnt vor dem Völkermord an den Armeniern vorgetragen – fanden kein Gehör. Und da sich niemand wirklich für die Betroffenen einsetzte, trat ein, wovor er und andere vor und nach ihm gewarnt haben.

Es ist schwer zu sagen, was Bernstein zu seiner „flammenden Rede" – wie es Steffen Reiche formuliert hat[3] – veranlaßte. Er war eher ein reflektierter und bedächtiger Mensch, der Schlagworten und Verallgemeinerungen ablehnend gegenüberstand. Es lag ihm nicht, die Rolle eines „gewitzten Diplomaten"[4] zu spielen und seine Meinung zu verschlüsseln. Er sprach unbequeme Wahrheiten aus und „verteidigte zäh seine Ansichten und Überzeugungen, auch wenn das bittere Angriffe und den Bruch alter Freundschaften mit sich brachte, auch wenn er oft allein zu stehen schien. Das, wofür er eintrat, war oft unpopulär."[5] Das gilt für seine Kritik an der deutschen Außenpolitik in den Jahren vor dem Ersten Weltkrieg ebenso wie – in der Zeit von 1914 bis 1918 – für sein Engagement gegen die brutale Kriegs-

führung Deutschlands und seinen Widerspruch gegen die An-
nexionisten, Kriegsverlängerer, Volksausplünderer und Kriegs-
gewinnler in Landwirtschaft und Industrie.

Bernsteins Haltung war geprägt von einer tiefgreifenden Ablehnung des Militarismus und Denkens in Gewaltkategorien.
Damit einherging seine grundsätzliche Bereitschaft, die Verdienste anderer Nationen und Völker anzuerkennen. Bereits als junger Mann widersprach er 1870 in einer Berliner Wirtschaft einem Literaten, der im Taumel des preußisch-deutschen Sieges
über Frankreich in ehrabschneidender Manier erklärte, „die
Franzosen seien unfähig zu großen geistigen Leistungen."[6] Derlei Haßgesänge und Vorurteile waren Bernstein ein Greuel, und
so nahm er es gelassen hin, als man ihn wegen seines Wider-
spruchs unsanft aus dem Lokal beförderte.

Bernstein scheute sich nie, unpopuläre Ansichten klar und
deutlich zu vertreten oder Irrtümer öffentlich einzugestehen.
Zunächst der allgemeinen Kriegsbegeisterung erlegen, bezeichnete er später den 4. August 1914 als den „schwärzesten Tag
seines Lebens"[7]. Obwohl er sich mit dieser Haltung selbst in
sozialdemokratischen Kreisen keine Freunde machte, war die
Erkenntnis, daß die deutsche Regierung in hohem Maße für den
Ersten Weltkrieg verantwortlich war, für sein weiteres Handeln
von überragender Bedeutung. Er fühlte sich von dem Regie-
rungspersonal hintergangen und betrogen, auch von der eigenen
Partei, die sich auf die Seite der herrschenden Kreise geschlagen
und mit dem „System", dem sie eigentlich keinen Groschen be-
willigen wollte, einen „Burgfrieden" geschlossen hatte. „Fast
seherisch", so der spätere Reichspräsident Paul Löbe, „muten
die Reden Bernsteins an, in denen er auf die verhängnisvollen
Wirkungen der deutschen Flottenpolitik hinwies – zuletzt noch
im Mai 1914 –, in denen er die deutsche Regierung warnte, sich
von der Habsburgischen Politik Österreichs ins Schlepptau nehmen zu lassen."[8] Die Zustimmung der Partei am 4. August 1914
im Reichstag zu den Kriegskrediten sei „ein Unheil für unser
Volk, ein Unheil für die Kulturwelt"[9] gewesen.

Eduard Bernstein, am 6. Januar 1850 in Berlin geboren, wuchs
in einer kleinbürgerlich-jüdischen Familie als das siebente von
insgesamt fünfzehn Kindern auf. Der Lohn des Vaters, der als
Lokomotivführer sein Brot verdiente, reichte gerade aus, die
große Familie über Wasser zu halten. Die Eltern sparten, wo im-

mer es ging, um die Kinder auf bessere Schulen zu schicken. Eduard besuchte das Gymnasium, aber das Geld langte nicht, und so mußte er als Sechzehnjähriger eine Lehre beginnen. Seit 1869 arbeitete er als Bankangestellter.

Bernsteins politischer Werdegang war geprägt von den sogenannten Reichsgründungskriegen, vor allem aber von dem preußischen Heeres- und Verfassungskonflikt der 1860er Jahre. Dabei ging es um die künftige Rolle der Armee und der Gewalt in Staat und Gesellschaft.[10] Zwischen dem aufstrebenden Bürgertum und dem preußischen Junkertum war ein erbitterter Kampf entbrannt. Die liberale Fortschrittspartei beharrte im preußischen Abgeordnetenhaus auf dem Recht, die von den Militärs und Junkern verlangten geforderten Mittel für die Heeresreform abzulehnen. Bernstein schloß sich der liberalen Fortschrittspartei an und bekämpfte mit ihr Bismarcks Bestreben, die Herrschaft des preußischen Feudaladels und der Junker zu festigen und – wie es August Bebel, ein Sozialdemokrat der ersten Stunde, ausgedrückt hat – mit den Mitteln von Krieg und Gewalt Preußens Macht zu erweitern und „Deutschland zu einer großen Kaserne zu machen"[11]. Auch als die Fortschrittspartei 1866 nach dem preußischen Sieg über die österreichischen Truppen ins Hintertreffen geriet, blieb Bernstein den Idealen der Partei treu und hielt an den Forderungen des politischen Liberalismus fest, während zahlreiche andere ihr den Rücken kehrten, in der Nationalliberalen Partei Frieden mit Bismarck schlossen und auf den neuen Kurs des preußischen Machtstaat einschwenkten. Wie der bedeutende Arzt, Politiker und Bismarck-Gegner Johann Jacoby[12] (1805-1877) trat er im April 1872 der drei Jahre zuvor von August Bebel und Wilhelm Liebknecht gegründeten Sozialdemokratischen Arbeiterpartei bei, die in ihrer Kritik an der Bismarckschen Reichsverfassung von 1871 Positionen der linksbürgerlichen „Fortschrittler" tradierte und aus ihrer antipreußischen Haltung keinen Hehl machte. Im Unterschied zu den übrigen Großstaaten führte der Erfolg der Bismarckschen Reichsgründungskriege zum Fehlen einer großen radikalen republikanischen Partei. Versuche, sie neu zu beleben, scheiterten stets daran, daß sie politisch ohne Einfluß und weitgehend ohnmächtig blieb. Die normalen Elemente, Befürworter und Träger einer radikalen Partei sahen sich daher genötigt, der Sozialdemokratischen Partei beizutreten, die dadurch eine außergewöhnliche Stärke erhielt. In bürgerlich-demokratischen Persönlichkeiten wie Jacoby und Bernstein wirkten die politischen Ideale der französischen und deutschen Aufklärung – Freiheit, Gleichheit und Brüderlichkeit – fort. Bernstein selbst räumte im Oktober 1895 ein: „Praktisch sind wir eigentlich doch nur eine radikale Partei, d.h. wir tun nicht mehr, als was anderwärts bürgerliche Parteien tun."[13]

Im Oktober 1878 gab Bernstein seine Banktätigkeit in Berlin auf und trat in Lugano die Stelle eines Sekretärs und Reisebegleiters bei dem Privatgelehrten und wohlhabenden Sozialisten Karl Höchberg an, der „Die Zukunft", die erste wissenschaftliche Zeitschrift des Sozialismus, herausgab. Im selben Monat verabschiedete der deutsche Reichstag das „Gesetz gegen die gemeingefährlichen Bestrebungen der Sozialdemokratie". Die Organisationen, Vereinigungen, Presseorgane, Versammlungen und Feste der Partei wurden ebenso verboten wie das Verbreiten von Druckschriften und Sammeln von Beiträgen. 1881 übernahm Bernstein die Leitung des 1879 mit Höchbergs Hilfe ins Leben gerufenen „Sozialdemokraten", des offiziellen „Organs der Sozialdemokratie deutscher Zunge", und baute sie zum Rückgrat der illegalen Partei aus. Immer wieder versuchte die Berliner Reichsregierung, die Wirkung des Blattes einzuschränken. Schließlich trug der Druck auf die Schweizer Regierung doch noch Früchte, und Bernstein wurde im April 1888 aus Zürich ausgewiesen; er ging mit der Zeitung nach London, wo er die freundschaftlichen Bande zu Friedrich Engels vertiefte und sich auf dessen Anregung gründlichen volkswirtschaftlichen Untersuchungen widmete. Bismarck und der deutschen Innen- wie Außenpolitik stand er nach wie vor kritisch gegenüber. Im Juni 1889 schrieb er im „Sozialdemokrat": „Wie könnte Deutschland dastehen in Europa, wenn es seine Einigung auf demokratischem Wege errungen ... hätte, und wie steht es da, dank der Einigung durch Blut und Eisen, dank der Leitung seiner auswärtigen Politik durch den Vollblutjunker Bismarck!"[14] Die Kriege von 1864, 1866 und 1870 „zeitigen bittere Früchte für das deutsche Volk"; nur Österreich und Italien stünden mit Deutschland in freundschaftlichen Beziehungen. „Überall sonst ist es verhaßt, als Vertreter der brutalen Gewaltpolitik, als Bedroher der Freiheit und des Rechts."[15] Bismarck charakterisierte er als eine Persönlichkeit, die zwar die „romantisch-reaktionären Schrullen des Junkertums abgestreift, aber all dessen brutale Tendenzen getreulich beibehalten" habe.[16] Wilhelm II.

begriff er als das „Produkt der ‚nationalen Wiedergeburt' der ‚glorreichen' Kriegsjahre 1870/71, in deren Atmosphäre er groß geworden"[17] war. Das Volk habe „dem Moloch Militarismus noch ganz andere Opfer zu bringen … Der Polizeisäbel wird dabei nicht in die Gefahr des Verrostens geraten". Und im Oktober 1889 verdeutlichte Bernstein: „So rüsten sie denn immer weiter, so ziehen sie die Militärschraube immer enger an, immer enger, … bis der Krieg, der blutige, massenmörderische Krieg da ist."[18]

Ende September 1890 hob der Reichstag das „Sozialistengesetz" auf, und das zentrale Parteiorgan mußte fortan nicht mehr im Ausland erscheinen. Bernstein wurde aber weiterhin als gefährlich eingestuft und steckbrieflich gesucht, und so blieb er als freier Schriftsteller und Korrespondent des Berliner „Vorwärts" in London. Einst wären die Deutschen, führte Bernstein 1903 in der „Neuen Zeit" aus, „das Volk der Ideen, der Wissenschaftlichkeit par excellence" gewesen. Damit sei es inzwischen vorbei. „Dafür haben wir den Ruf, eine Nation von Soldaten zu sein, den Alp des heutigen Militarismus über Europa heraufbeschworen zu haben. Die Ära Bismarck hat unseren Namen weithin verhaßt gemacht, man staunte den Mann an und verachtete die Nation, die sich von ihm tyrannisieren ließ."[19] Deutschland gelte als das Musterland des Militarismus, „als der eigentliche beständige Bedroher des Friedens".[20] Infolge seiner ständigen Ausgabenerhöhung für militärische Zwecke müßten die anderen Mächte ebenfalls rüsten, „gewissermaßen schon eine Art Kriegsführung … Man könnte sagen, es ist die kalte Kriegsführung."[21]

Anfang 1901 kehrte er nach Berlin zurück und siedelte sich in Großlichterfelde an. Bis 1905 gab er die eigene Zeitschrift „Dokumente des Sozialismus" heraus. Von 1902 bis 1906 sowie von 1912 bis 1918 gehörte er als Vertreter der Breslauer Arbeiterschaft dem Reichstag an. Von 1910 bis 1918 wirkte Bernstein als Stadtverordneter in Berlin, seit 1919 als unbesoldeter Stadtrat in Berlin-Schöneberg. Von 1920 bis 1928 vertrat er die SPD erneut im Reichstag.

Bereits 1899 publizierte Bernstein sein Werk über „Die Voraussetzungen des Sozialismus und die Aufgaben der Sozialdemokratie". In ihm legte er seine Kritik am Marxismus dar und begründete den „Revisionismus", die Theorie einer evolutionären Entwicklung zur Verwirklichung des Sozialismus, und löste damit eine leidenschaftliche Debatte in der deutschen und internationalen Sozialdemokratie aus. Bernstein widersprach der bis dahin geltenden Zusammenbruchs-, Verelendungs- und Katastrophenideologie und setzte sich für die Befreiung der arbeitenden Klassen durch sozialreformerische Gesetzgebungsarbeit ein. Die Demokratie betrachtete er als unabdingbare Vorbedingung einer sozialistischen Gesellschaft. Sie lasse sich nicht aus dem Chaos aufbauen, sondern nur „aus der Verbindung der organisatorischen Schöpfungen der Arbeiter … mit den Schöpfungen und Errungenschaften der kämpfenden Demokratie in Staat und Gemeinde".[22] Bernstein lehnte es ab und hielt es für gefährlich, auf den „großen Krach" zu spekulieren, und wollte den Sozialismus „durch Reformen und schrittweise fortschreitende Hebung des allgemeinen Kulturniveaus" erreichen.[23] Deutlich sah er, daß die Arbeiterschaft – ungeachtet ihrer relativen Stärke – allein nicht in der Lage war, Deutschland in ein demokratisches Land zu verwandeln. Einen nationalen Befreiungskrieg gegen das Hohenzollern-Regime lehnte er angesichts der zu erwartenden Opfer entschieden ab. Statt dessen plädierte er für ein Bündnis mit dem zwar schwachen linksliberalen Bürgertum sowie mit dem neuen Mittelstand der Angestellten und Beamten.

Auch in der Haltung zur Friedensbewegung überwand er bereits vor dem Ersten Weltkrieg die zwischen Sozialdemokraten und Pazifisten bestehenden Schranken.[24] Seit 1908 wirkte er in der SPD dafür, den Pazifismus nicht weiter als bürgerliche Ideologie abzutun und gering zu schätzen, sondern als Bündnispartner zu betrachten. Als erster Sozialdemokrat überhaupt veröffentlichte er in der Monatszeitschrift „Die Friedens-Warte für zwischenstaatliche Organisation", dem von Alfred Hermann Fried herausgegebenen Organ des deutschsprachigen Pazifismus, den Artikel „Wie man Kriegsstimmung erzeugt", der sich gegen den England-Haß und den deutschen „Taumel des Hetzpatriotismus"[25] wandte. Zugleich nahm er Fried gegen die Attacken aus dem radikalen Flügel seiner Partei in Schutz und verteidigte dessen „wissenschaftlichen Pazifismus". Außenpolitisch kritisierte Bernstein vor allem die Politik des Kaiserreiches gegenüber England, das ihm in schweren Zeiten Zuflucht geboten hatte und er besser kannte als irgend ein anderer Deutscher.[26]

Bernstein mußte seinem Revisionismus nicht abschwören oder sich selbst untreu werden, um die Kriegspolitik des Kaiserreiches abzulehnen. Sein Reformismus war pazifistisch, internationalistisch und demokratisch. Hinzutrat der starke „humanistische Einschlag seiner Persönlichkeit".[27] Der revolutionäre Marxismus, der die Anwendung von Gewalt in Gestalt des „letzten Gefechts" durchaus begrüßte, war ihm ein Greuel. Erst recht wollte er nichts mit dem Kriegsmarxismus zu tun haben und bekämpfte deren Befürworter. Bernstein war ein aufrichtiger, übernational denkender Politiker, der die deutsche Kriegspolitik als leidenschaftlicher Pazifist scharf attackierte. Als einer der ersten schloß er sich dem im Herbst 1914 gegründeten pazifistischen „Bund Neues Vaterland" an, der Konservative, Liberale und Sozialisten zu seinen Mitgliedern zählte, deren einigendes Band die Kriegsgegnerschaft war. Ebenso trat er der Deutschen Friedensgesellschaft bei. 1915 wurde er in den „Internationalen Rat", eines Organs der im Frühjahr 1915 in Den Haag ins Leben gerufenen „Zentralorganisation für einen dauernden Frieden", gewählt. Zusammen mit Hugo Haase und Karl Kautsky publizierte er am 19. Juni 1915 in der „Leipziger Volkszeitung" den Aufsehen erregenden und berühmt gewordenen Aufruf „Das Gebot der Stunde", der einen sofortigen Verständigungsfrieden forderte. Ebenso unterstützte er die Gründung der „Zentralstelle Völkerrecht", deren Geschäftsführung er angehörte und die versuchte, der unterdrückten pazifistischen Opposition neue Bewegungsfreiheit zu verschaffen. 1917 fror Bernstein seine Kontakte zur SPD vollends ein, die ungeachtet des Völkermordens an den Fronten die kaiserliche Reichsregierung auch weiterhin unterstützte, und wurde einer der führenden Vertreter der Unabhängigen Sozialdemokratischen Partei (USPD). Im selben Jahr nahm er in Bern an dem Kongreß zum Studium der Grundlagen eines künftigen Krieges teil und entwarf eine „sozialdemokratische Völkerpolitik", die auf einem demokratisch fundierten „Bund der Völker" beruhen sollte.[28] Nach dem Krieg kehrte er 1919 infolge ihres Linkskurses zur SPD zurück.

Bernsteins Isolation in der Partei, die ihm so viel zu verdanken hatte, war nicht zuletzt darauf zurückzuführen, daß er auch nach dem Ersten Weltkrieg in Konflikt mit führenden Sozialdemokraten geriet. Als er im Juni 1919 auf dem SPD-Parteitag ein großes Referat zur Außenpolitik hielt, sprach er sich erneut für die Feststellung der Alleinschuld Deutschlands am Weltkrieg als der Grundlage für eine neue Politik aus. Aber nicht das deutsche Volk sei schuld, sondern das „alte System" und diejenigen, „die das deutsche Volk damals belogen und betrogen haben".[29] Um so mehr bedauerte Bernstein, daß die Partei sich bislang nicht bereit gefunden habe, „den Strich, der uns von dem alten System trennt, so dick wie nur möglich zu ziehen".[30] Um was es dabei – nicht zuletzt vor dem Hintergrund der Propaganda gegen die sogenannte „Kriegsschuldlüge" und der Hetzkampagne gegen „Versailles" – ging, verdeutlichte der linksliberale Politiker und Journalist Hellmut von Gerlach viele Jahre später. Ähnlich wie Bernstein beklagte er, wenn auch im September 1932 in einer etwas abgewandelten Form: „Nie wäre Hitler der Machtfaktor geworden, der er heute ist, wenn die Republik 1918 den Schnitt mit der Vergangenheit vollzogen hätte … Die deutschen republikanischen Machthaber aber zogen nicht den Strich zwischen sich und den Verantwortlichen von 1914, wohl aber zwischen sich und den paar Deutschen, die seit 1914 im Kampf gegen die kaiserliche Kriegspolitik standen. Statt die Wahrheit über die Ursachen des Kriegsausbruchs in den breitesten Schichten des Volkes zu verbreiten, ließen sie die Unschuldskampagne der Nationalisten die Massen vergiften. Sie säten nicht die Wahrheit. Darum konnte Hitler die Früchte der Unwahrheit ernten."[31]

Zwar charakterisierte auch Bernstein die Deutschland 1919 von den Siegermächten Deutschland auferlegten Friedensbedingungen als „sehr hart". Neun Zehntel davon seien aber, fügte er sogleich hinzu, „unabweisbare Notwendigkeiten". Vehement wandten sich Philipp Scheidemann, Otto und Adolf Braun gegen Bernsteins Auffassung und dessen Warnung, nicht in das Geschrei der bürgerlichen Presse einzustimmen und den Versailler Frieden in Bausch und Bogen zu verdammen, sondern das Vertragswerk einer gerechten Beurteilung zu unterziehen. Hermann Müller, der spätere Reichskanzler, scheute sogar vor antisemitischer Verunglimpfung Bernsteins nicht zurück und warf ihm vor, die „Dinge unter dem Gesichtspunkt des Rabbiners von Minsk [zu] behandeln".[32] Derlei schlimmen Vorhaltungen stand Bernstein, immerhin „Nestor" der sozialdemokratischen Bewegung, weitgehend ohnmächtig gegenüber. Er hatte erneut ein Tabu gebrochen. Die Mehrheit der sozialdemokratischen Führer war nicht bereit, ihren Anteil an der Verantwortung für den Ersten Weltkrieg zur Sprache bringen zu lassen. Zwar hielt auch Bernstein mit seiner Kritik an den Friedensbedingungen nicht hinter dem Berg, aber „Versailles" zum Übel schlechthin und zum „Schmachfrieden" zu erklären, dazu war er nicht bereit, und so verteidigte er den Vertrag gegen die Proteste aus der eigenen Partei. „Versailles" stellte für ihn in erster Linie eine Folge des Krieges dar.[33] Und wenn etwas an der Misere nach 1918 schuld war, so waren es in erster Linie nicht die Friedensbedingungen der Siegermächte, sondern der Krieg selber bzw. jene, die ihn herbeigeführt, provoziert und sich ihm bis zur Erschöpfung aller Kräfte verschrieben hatten. Die Reaktionen der sozialdemokratischen Parteiführer offenbarten jedoch, urteilt F.L. Carsten, „wie stark sie unter dem Einfluß der nationalistischen Propaganda gegen die Friedensbedingungen standen. Es war fast wie im August 1914."[34] Bernstein aber ließ sich nicht beirren und stand weiter „unermüdlich … im Widerspruch zu denen, die jeden deutschen Anteil an der Kriegsschuld leugneten und damit den Nazis den Weg zu deren Wahlerfolgen in den frühen 1930er Jahren bahnten. Der Bernstein von 1914, der im Taumel kurzschlüssiger Kriegsbegeisterung für eine Politik internationaler Verständigung geworben hatte,"[35] hielt auch darin an seinen Einsichten fest. Vor diesem Hintergrund war es nicht verwunderlich, daß seine Position selbst in der Sozialdemokratie nicht mehrheitsfähig war und er mit seiner Auffassung zum Krieg und Frieden isoliert und ohne nennenswerte Anhängerschaft blieb. Im Jahre 1927 mußte er sich sogar damit abfinden, daß der „Vorwärts", das Zentralorgan der SPD, und Rudolf Hilferdings Zeitschrift „Die Gesellschaft" seine Artikel nicht mehr veröffentlichte.[36] Sein Tod am 18. Dezember 1932 – wenige Wochen vor dem Machtantritt Hitlers – bewahrte ihn vor Verfolgung, Demütigung, Inhaftierung und Schlimmeren.

Eduard Bernstein verkörperte in der SPD jenen ethisch orientierten und gereiften Typus linksbürgerlicher Demokratie, dem auch nach seinem Eintritt in die Partei Werte wie Wahrheit, Recht, Freiheit und moralische Verantwortung wichtiger waren als Macht, nationaler Behauptungswillen oder opportunistisches Festhalten an offensichtlichen Irrtümern bzw. korrumpierendes Beharren auf Fehlleistungen. Je weiter sich aber die Partei in politisch-historisch bedeutsamen Fragen und Entscheidungen von diesen Werten entfernte, um so mehr geriet er in die Situation, als unbequem zu gelten oder gar verächtlich gemacht zu werden. Offenbar vermochten viele Parteigenossen mit der Überzeugungstreue, Aufrichtigkeit und Geradlinigkeit Bernsteins nicht Schritt zu halten und sahen in ihm, je weiter sie sich ins Schlepptau nationaler Interessenpolitik begaben und von den übernationalen Idealen der deutschen und französischen Aufklärung entfernten, einen Abtrünnigen, mit dessen Kritik man glaubte, sich nicht mehr ernsthaft auseinandersetzen zu müssen.

Zurück zu Bernsteins Rede über die „Leiden des armenischen Volkes und die Pflichten Europas" vom 26. Juni 1902. Unter dem bezeichnend-glossierenden Titel „Eine Wunderkur" brachte „Die Neue Zeit", das führende, von Karl Kautsky geleitete theoretische Organ der Sozialdemokratie, schon am 16. Juli 1902 eine Kritik an den inzwischen bereits publizierten Ausführungen Bernsteins.[37] Zunächst hebt das Blatt sein Verdienst hervor, in der Sozialdemokratie „schon vor Jahren den 'völlig unrichtigen Ansichten über das politische System der Türkei' entgegengetreten zu sein."[38] Auch in Bezug auf den „alten Freund", den Bernstein in seiner Rede anführt und bei dem es sich zweifellos um Wilhelm Liebknecht handelt, gibt ihm der Kritiker Recht. Da es aber Bernsteins Interesse sei, mit seinem Protest ein über die Sozialdemokratische Partei hinausgehendes Echo zu erreichen und „den deutschen Philister und die deutsche Diplomatie gegen die armenischen Greuel auf die Beine zu bringen", stelle er die deutsche Geschichte in einem allzu milden Lichte dar und bezeichne die Deutschen nur als „Eroberer". Er unterschlage u.a. ihren „Sklavensinn", ihre „Verblendungen" und „Anstelligkeit als Landsknechte". Würde er wie Marx und Engels „frisch und ungeniert ... von der sozialdemokratischen Leber reden", müßte er „jeden Philister und jeden Diplomaten vor den Kopf stoßen". Und: „Will er für die mißhandelten Armenier demonstrieren über die Grenzen der Partei hinaus, so muß er konsequenter und logischer Weise die Grenze zwischen Bourgeoisie und Proletariat verwischen."[39]

Ähnlich „banal" aus heutiger Sicht nimmt sich der zweite Hauptpunkt der Kritik aus. Geschildert werden zunächst die „richtigen Ansichten" zum türkischen Problem, wie sie Bernstein „noch vor sechs Jahren mit anderen gegen Liebknecht vertreten hat."[40] In seiner Rede habe er zwar keiner „falschen Auffassung" das Wort geredet, aber er reduziere „ein verwickeltes historisches Problem auf einige verwaschene Redewendungen, wie sie dem deutschen Philister geläufig und 'dem guten

Willen besserer Staatsmänner' etwa noch erträglich sind." Zudem gäbe es keinen Grund zu der Annahme, „daß der deutsche Reichskanzler, auch bei der 'vorsichtigsten' Behandlung etwas gegen die armenischen Greuel tun werde." Wer mit allen kulturwidrigen Greuel auf der Welt aufräumen wolle, „der darf nicht die wissenschaftliche Heilmethode aufgeben um einer Wunderkur willen, die ein einzelnes Symptom in der wunderlichsten Weise kurieren will. Wir beklagen die armen Armenier", heißt es am Schluß, „aber um eine wirkungsvolle Kundgebung für sie zu machen, geben wir nicht einen Zoll von dem Boden auf, den sich das moderne Proletariat, daherkeuchend unter der kapitalistischen Misere, in jahrzehntelanger Arbeit zu erobern gewußt hat."[41] Ähnlich, wenn auch unter ganz anderem Vorzeichen, argumentierte Reichskanzler Bernhard von Bülow, nur daß er am 3. März 1902 nicht Bernstein vorwarf, den „Hans Dampf in allen Gassen zu spielen",[42] sondern dem sozialdemokratischen Abgeordneten Georg Gradnauer.[43] Wie Bülow reagierte auch der Kritiker Bernsteins. Beide trafen sich in der übereinstimmenden Aussage, daß ihre Kontrahenten offensichtlich etwas zu übereifrig ans Werk gegangen seien und nichts von den Realitäten und wirklichen Zusammenhängen verstünden.

Indes verfehlte Bernsteins „Kundgebung" durchaus nicht ihre Wirkung. Zumindest ist sie von den Teilnehmern der Versammlung mit selbst in Berlin „seltenen Zustimmungsbezeugungen"[44] bedacht worden. Ohne jede Gehässigkeit gegen die Türken als Nation stellte er das rückständige Wesen und die kulturhemmenden Wirkungen des türkischen Regierungssystems bloß und legte dar, warum das türkische Joch von den betroffenen Völkern im Laufe der Zeit als immer drückender empfunden werden mußte. Er erinnerte an die Massenabschlachtungen in Armenien, die 1895 und 1896 die zivilisierte Welt mit Entsetzen erfüllten, und führte dem Zuhörer vor Augen, daß sie ihrer Natur nach keine Zufallserscheinungen, sondern ein wiederholt angewendetes Mittel türkischer Regierungspolitik waren und das armenische Volk jederzeit erneut treffen könnten. Deutschland habe durch den Berliner Vertrag von 1878 in Gemeinschaft mit den anderen Mächten die Pflicht auf sich genommen, die Sicherung des armenischen Volkes gegen Vergewaltigungen und Brandschatzungen zu überwachen, eine Pflicht, die um so mehr als eine schwere Schuld zu betrachten sei, da der Berliner Vertrag den Vertrag von San Stefano außer Kraft setzte, der für die Armenier sehr viel günstiger gewesen war. Doch selbst das neue Vertragswerk sei von der Türkei immer wieder mit Füßen getreten worden, wozu die Uneinigkeit und schmähliche Untätigkeit der Mächte erheblich beigetragen habe. Ungeachtet der ihm zustehenden Rechte sei das armenische Volk, wenn die europäischen Mächte die Türkei weiter gewähren ließen, von völliger Ausrottung bedroht. Einfacher und schlichter konnte man es kaum ausdrücken – und den Genozid prognostizieren. Berücksichtigt man darüber hinaus noch, daß sich in allen Ländern des westlichen Europas Komitees aus Mitgliedern der verschiedenen Parteien gebildet hatten, um die Regierungen zu veranlassen, endlich einmal auf die Türkei energischen Druck im Sinne der Bestimmungen des Berliner Vertrages auszuüben, so war Bernsteins Rede und Schrift besonders zeitgemäß. Insofern verwundert es auch nicht, daß sie noch im selben Jahr in einer französischen Druckfassung vorlag.[45]

Offenbar kam es der „Neuen Zeit" mehr darauf an, die „reine Lehre" gegen jedwede revisionistische Aspiration zu verteidigen, als Bernsteins Protest zu Gunsten der Armenier rückhaltlos zu unterstützen. Die „Ethische Kultur", das Organ der linksbürgerlichen „Gesellschaft für ethische Kultur", machte denn auch unter dem Hinweis, daß „gerade in Deutschland ... nicht bloß bei den Diplomaten und Regierenden, sondern ebenso auch bei den Regierten die sogenannte 'Realpolitik' immerfort der Entwicklung des höheren Gewissens entgegen wirkt ... und selbst die 'Neue Zeit', das Organ des orthodoxen, dogmatischen Marxismus, nur zögernd und halb widerwillig der Aktion zu Gunsten der Armenier einigen Beifall gegeben"[46] habe.

Zurückhaltend reagierte auch Friedrich Naumann in der „Hilfe". Moritz Kronenberg schreibt dazu in der „Ethischen Kultur", daß der national-soziale Pfarrer von einem anderen „realpolitischen" Standpunkt aus „überlegen auf die gutmütigen, aber ahnungslosen und unklugen Vertreter der Humanität" herabblickte.[47] Dabei hatten gerade Bernsteins Rede sowie zwei große Versammlungen, die kurz zuvor in Paris und Berlin unter großer Anteilnahme des Publikums zugunsten der armenischen Waisenkinder veranstaltet worden waren, ein praktisch-politisches Ziel.[48] Man wollte die Öffentlichkeit wachrütteln, um die europäische Diplomatie zu einer energischen Aktion zu veranlassen. Dem Ziel, sich endlich der unterdrückten Armenier anzunehmen, diente ein internationaler Kongreß, der vom 17. bis 19. Juli 1902 in Brüssel tagte und als „Kongreß der Freunde Armeniens" in die Geschichte eingegangen ist. Über zweitausend Zustimmungserklärungen von bedeutenden Persönlichkeiten – Professoren, Priestern, Studierenden, Künstlern, Schriftstellern, Politikern und Journalisten – aller Parteien aus allen Ländern lagen vor. Zwar war die Zahl der aktiven Teilnehmer verhältnismäßig gering, doch das Gewicht der Namen wirkte um so bedeutender. Aus Frankreich waren z.B. neben den Konservativen Denys Cochin und Graf de Mun der Radikale Françis de Pressensé und der Sozialist Jean Jaurès sowie die in Paris lebende Schriftstellerin Caroline Séverine anwesend. Den Vorsitz führte der belgische Pazifist und Senator Charles Houzeau de Lehaie. Unter den Teilnehmern befanden sich weitere bedeutende Vertreter des organisierten Pazifismus wie Baron Paul Benjamin d'Estournelles-Constant, Henri Lafontaine, Ernesto Teodore Moneta, Bertha von Suttner und Baronin T.P. de Waszklewicz. Am Schluß ernannte man aus Deutschland, das nicht unmittelbar vertreten war, vier Delegierte in das vom Kongreß ernannte Komitee: die Professoren Ludwig von Bar und Wilhelm Foerster sowie die Abgeordneten August Bebel und Eduard Bernstein. Die jeweiligen Kommissionen erhielten den Auftrag, dem Kongreß, der im nächsten Jahr wieder zusammentreten sollte, praktische Vorschläge zu unterbreiten.[49]

Wenige Wochen zuvor war auch im deutschen Reichstag die Verfolgung der Armenier thematisiert worden. Am 3. März 1902 brachte der sozialdemokratische Abgeordnete Georg Gradnauer die Unterdrückung des armenischen Volkes zur Sprache und forderte die deutsche Regierung auf, ihrer Pflicht als Signatarmacht des Berliner Vertrages von 1878 nachzukommen und bei der türkischen Regierung auf Abhilfe zu drängen.[50] In seinem Beitrag war Gradnauer auch auf offenbare Völkerrechtswidrigkeiten in Südafrika und China eingegangen. Das erleichterte es, wie Bernstein in seiner Rede erläuterte, Reichskanzler Bülow Gradnauer vorzuhalten, gegen „jede Windmühle" anzurennen, die ihm nicht gefalle, und so auch in Armenien intervenieren zu wollen.[51] Damit war für Bülow der Fall erledigt. Wie später im Ersten Weltkrieg sollten die deutsch-türkischen Beziehungen nicht belastet werden. Dafür nahm man Menschenrechtsverletzungen und die Nichteinhaltung des Berliner Vertrags billigend in Kauf.

Was die Kritiker Bernsteins offenbar nicht begriffen bzw. ihnen nicht nachvollziehbar schien, war der Idealismus und Schwung, von dem er sich tragen ließ. Um so mehr sahen sie in ihm einen ausgesprochen gefährlichen Widersacher des marxistischen Radikalismus. Andererseits unterschieden sich seine politische Weltanschauung und sein Weitblick doch sehr von seinen revisionistischen Gesinnungsgenossen und Epigonen. Offenbar war er zu internationalistisch und westlerisch orientiert. Sein Eintreten für die Menschenrechte und für das armenische Volk stellte für ihn keine mechanisch übernommene formelle Verpflichtung dar, sondern war ein integrierender Bestandteil seiner Persönlichkeit. Seinem politischen und publizistischen Gegenspieler in der „Neuen Zeit", ob es sich dabei nun um Karl Kautsky oder Franz Mehring gehandelt haben mag, blieb diese Welt offensichtlich verschlossen. Zweifellos unterschätzten die Gegner Bernsteins, indem sie auf politische Floskeln zurückgriffen, den Ernst der Lage, und so bleibt es zu beklagen, daß auch sie sein Anliegen herunterzuspielen suchten, als „bürgerlich" torpedierten und die diagnostische Schärfe und Weitsicht seiner Analyse verkannten.

Otto Umfrid (1857-1920) –
Für die Einheit von Moral und Politik[52]

Zwei Weltkriege sind von deutschem Boden ausgegangen. Und doch gibt es auch in der jüngeren deutschen Geschichte Traditionen, Gruppierungen und Personen, die dem blutigen Wahnsinn die Gefolgschaft versagt und sich für die Ehrfurcht vor dem Leben engagiert haben. Das ist weder eine erstaunliche noch eine zufällige Tatsache. Wo große Teile eines Volkes der Unmoral verfallen, dort wachsen Charaktere heran, die sich der militaristischen Verseuchung und säbelrasselnden Knechtseligkeit entziehen. Im Meer der geistigen und sittlichen Verrohung bilden sie gleichsam Inseln, weit davon entfernt, bloße Stätten der Zuflucht zu sein. Dem korrespondiert der Entwurf einer friedfertigen Alternative, die in unüberwindbarem Gegensatz zu der Auffassung steht, daß die Gewalt eine überragende Triebfeder der Geschichte darstelle und der rüstungsschwangere Wille zur Wehrbereitschaft ein Garant des Friedens sei.

Die bedeutendsten Gestalten, die eindringlich ihre Stimme erhoben und vor dem Rückfall in die Barbarei warnten, kamen aus den Reihen der Friedensbewegung. Sie war es vor allem, die, dem Erbe der alten deutschen Kultur und den fortschrittlichen Errungenschaften des europäischen Bürgertums aufs engste verbunden, den Kriegsplanern, Stimmungsmachern und Schreibtischtätern entgegentrat. Kein evangelischer Theologe war im preußisch-deutschen Kaiserreich so aktiv für den Erhalt und Ausbau des Friedens wie Otto Umfrid. Und zweifellos ist Ludwig Quidde zuzustimmen, der über ihn schrieb, daß er vor 1914 „mehr als irgend ein anderer Reichsdeutscher für die Friedenssache gewirkt" hat. Ebenso zutreffend bemerkte Walther Schücking, Umfrid sei einer der wenigen gewesen, „die in einer äußerlich blühenden und innerlich arm gewordenen Zeit die Flamme des Rechtsgedankens vor dem Erlöschen bewahrt haben".

Als Sohn eines Rechtsanwalts am 2. Mai 1857 in der württembergischen Stadt Nürtingen geboren, entwickelt Umfrid bereits in der Kindheit einen ausgeprägten Gerechtigkeitssinn, der sich von der übertriebenen Strenge des Vaters wohltuend abhebt. Nach dem Besuch des Gymnasiums führt ihn das theologische Studium ins „Stift" nach Tübingen. 1879 besteht er die erste, 1884 die zweite Dienstprüfung. Der Dekan bescheinigt ihm „ungewöhnlichen Amtseifer", ein die „Herzen gewinnendes Wesen" und eine „gründliche theologische wie philosophische Bildung". Nach dem Vikariat übernimmt Umfrid zunächst das Pfarramt in Peterzell im Schwarzwald. Seit 1888 verheiratet, entstammen seiner Ehe vier Kinder, ein Sohn und drei Töchter. 1890 wird er Stadtpfarrer in Stuttgart. Seine Predigten erschüttern die Zuhörer. Soziale Mißstände gibt er dem grellen Licht alter Wahrheiten preis. „Zion muß durch Recht erlöset werden und Jerusalem durch Gerechtigkeit." Als er zu dem Wort des Propheten Jesaja ausführt, der Arbeiter habe ein Recht auf Arbeit, Ruhe, ausreichenden Wohnraum und entsprechenden Lohn, wird ihm vorgeworfen, Unmut zu erregen. Umfrids Antwort: „Unser Herr Christus hat auch Ärgernis gegeben." Und als ihm der empörte Kirchgänger entgegenhält, er sei „noch lange kein Christus", weist Umfrid ihn darauf hin: „Aber er hat uns ein Vorbild gelassen, daß wir sollen nachfolgen seinen Fußstapfen."

Vom gleichen Holz ist Umfrids „Arbeiter-Evangelium", eine 1893 veröffentlichte Schrift, die, programmatische Gedanken zur Arbeiterfrage enthaltend, seine christlich-soziale Grundhaltung unterstreicht. Von tätiger Nächstenliebe zeugen seine Mitarbeit im Stuttgarter „Evangelischen Arbeiterverein" und sein Wirken als Schriftführer im „Verein für Notstandsfälle auf dem Lande", die in mehr als 13000 Fällen dazu beigetragen hat, das Los der Betroffenen zu lindern. Seine religiöse Stellung und die Beschäftigung mit dem sozialen Elend, sein „Tatchristentum" und das Empfinden für die ausgebeuteten Schichten des Volkes führt ihn zur pazifistischen und internationalen Arbeit. 1894 wird er Mitglied der Stuttgarter Ortsgruppe des von Franz Wirth im Jahre 1888 gegründeten „Frankfurter Friedensvereins". Umfrid findet zehn Personen vor, acht Männer und zwei Frauen, die sich in einem Klublokal über den Weltfrieden unterhalten. „Wenn wir etwas erreichen wollen", sagt er den Anwesenden, „so müssen wir in die Öffentlichkeit hinaus und Volksversammlungen abhalten." Der Vorschlag findet Beifall. Und Umfrid wird zum Pionier der bislang im süddeutschen Raum schwach verankerten Friedensbewegung. Er predigt, nachdem er allsonntäglich bereits zwei bis drei Gottesdienste hinter sich hat, für den Frieden, hält außerhalb Stuttgarts bis zu

24 Vorträge im Jahr und gründet so etwa zwanzig Ortsgruppen der „Deutschen Friedensgesellschaft" (DFG).

Neben seiner Stabführung als Pastor entwickelt Umfrid eine umfangreiche publizistische Tätigkeit. Von 1894 bis 1914 zeichnet er verantwortlich für das Familienblatt „Grüß Gott", in dem er zwanzig Jahre lang Sonntagspredigten veröffentlicht. Zunehmend stellt er seine schriftstellerische Begabung in den Dienst der Friedensbewegung. Von 1899 bis 1908 gibt er den „Friedens-Boten" heraus, einen pazifistischen Volkskalender, der die Gedanken der Friedensgesellschaft in jedes Haus tragen will und der nicht müde wird, dem Leser die Schrecken des Krieges vor Augen zu führen. Weniger volkstümlich, aber gleichwohl von hohem Anspruch und an das Rechtsgefühl der Massen appellierend, gestaltet sich seine Tätigkeit als Herausgeber der „Friedensblätter" (1899-1910) und der Zeitschrift „Der Völker-Friede" (1910-1919), den Organen der DFG. Umfrid selbst verfaßt die meisten Beiträge. Zudem bewährt er sich als Chronist der mit seinem Namen unauflösbar verbundenen Anfänge der historischen Friedensbewegung in Deutschland. Dem Suttnerschen Organ „Die Waffen nieder!" leiht er ebenso seine Mitarbeit wie später der „Friedens-Warte" von Alfred Hermann Fried, den „Neuen Wegen" von Leonard Ragaz und der ökumenisch-sozial orientierten „Eiche" Friedrich Siegmund-Schultzes. Des weiteren veröffentlicht er in den Jahren von 1901 bis 1913 allein über 400 Aufsätze in Tageszeitungen und politischen Zeitschriften. Von seinen zahlreichen Büchern und Broschüren seien hervorgehoben: „Friede auf Erden", „Der Krieg auf der Anklagebank", „Recht, Gewalt und Zukunftskrieg", „Völkerevangelium", „Anti-Treitschke", „Bismarcks Gedanken und Erinnerungen im Lichte der Friedensidee", „Anti-Stengel", „Vaterlandsliebe und Menschheitsliebe", „Rüstungsstillstand" und „Europa den Europäern".

Im Jahre 1900 trägt die DFG dem „Propheten des Friedens" (H. Wehberg) Rechnung und verlegt ihre Geschäftsstelle von Berlin nach Stuttgart. Umfrid wird zum Vizepräsidenten der DFG gewählt. Seine nun über Württemberg hinausreichende Rednertätigkeit macht ihn in Deutschland bekannt. Auf den deutschen Friedenskongressen in Wiesbaden, Jena und Kaiserslautern hat er leitende Positionen inne. Die Teilnahme an den Weltfriedenskongressen in Rouen (1904), München (1907), London (1908) und Stockholm (1910) bringt Umfrid, dessen unerschütterlicher Glaube an das Gute im Menschen beeindruckt, hohes Ansehen in der internationalen Friedensbewegung ein.

Umfrids soziales und politisch-pazifistisches Engagement beruhte auf einer christlich-ethischen Gesinnung, die ihre prägende Kraft aus der Ideenwelt Karl Christian Plancks schöpfte. Wie Planck war Umfrid, der das Gedankengut des schwäbischen Philosophen mit dem Buch „Wandlungen deutschen Denkens und Wollens" (1917) in eine neue Zeit hinüberzuretten suchte, nicht geneigt, die bereits vom Urchristentum als gegeben und vorausgesetzt hingenommene Staatsordnung anzuerkennen. Vielmehr sah er es als christliche Aufgabe an, eben gerade die Staatsverfassung im „christlichen Sinne" umzugestalten. Weder Macht und Gewalt noch Blut und Eisen hätten vor Recht und Frieden zu gehen. Dem widerspreche das Christentum. Dieses habe den Auftrag, das Reich Gottes, nicht das Wahngebilde machtlüsterner Potentaten und die „Realpolitik" willfähriger Handlanger zu verwirklichen. Entschieden wandte er sich gegen Friedrich Naumanns Meinung, „um Luft zu kriegen, müsse das deutsche Volk auf Kosten Rußlands oder Englands so ein bißchen Welteroberungspolitik betreiben". Im Unterschied zu Naumann betrachtete Umfrid die Nation nicht als höchstes Gut der Menschheit, vielmehr gelte es, „über diese spröde Form hinauszustreben nach einer Einigung der Völker, einem Völkerbund" (1900).

Umfrid zählt zu den wenigen Deutschen, die bereits vor dem Ersten Weltkrieg begriffen hatten, daß von einer Lösung der sozialen Frage erst gesprochen werden kann, wenn zuvor die internationale Frage gelöst ist. Der Krieg aller gegen alle im Innern der Staaten in Gestalt eines skrupellosen Konkurrenzkampfes verhindere, daß eine sich von Recht und Moral geleitete Außenpolitik zur Geltung bringen lasse. Umgekehrt sei jedoch nicht zu erwarten, es könne der „innere Friede" durchdringen, solange in den Beziehungen der Staaten und Völker der Glaube an die Allmacht des Schwertes vorherrsche. Diese Einsichten bewahrten Umfrid davor, von der bloßen Einrichtung internationaler Schiedsgerichte allzuviel zu erwarten. Die Schwäche und Außenseiterposition des organisierten Pazifismus erkennend, gab er sich nicht der Illusion hin, der Friede ließe sich gleichsam über Nacht herstellen. Mit großem Erfolg unternahm er es jedoch, wie Hans Wehberg überzeugend darlegte,

„über die rein ethisch-naturrechtliche Fundierung der Friedensidee hinauszukommen und ein positives Programm aufzustel-
len". So förderte er die völkerrechtliche Diskussion mit einer
Reihe von praktischen Vorschlägen und legte zu Komplexen wie
„Völkerbundexekutive", „Abrüstungsformel", „Freihandels-
theorie" und „Demokratisierung" Abhandlungen vor, die Walther Schücking und Hans Wehberg auf ihrem Weg zu einer pazifistischen Völkerrechtslehre nachhaltig beeinflußten.

Besonderen Stellenwert räumte Umfrid dem Kampf gegen
jene unheilvolle Trennung von Moral und Politik ein, die sich
infolge der Bismarckschen Reichsgründung wie ein eiserner Ring
um die Köpfe gelegt hat und die bis heute nicht überwunden
ist. In zahlreichen Artikeln forderte er, daß der „falsche Gegensatz, der zwischen Politik und Moral besteht, beseitigt werden
muß". Mit seinem „Anti-Treitschke" (1904) – eine der wert-
vollsten Schriften aus der Feder Umfrids – widerlegte er die mi-
litärfromme Ansicht, „daß der Staat Selbstzweck sei und als
solcher gegen die Forderung der Einführung in eine höhere Ordnung sich spröd ablehnend verhalten müsse". Eine derartige Be-
trachtung des Staates beinhalte notwendig „die Sanktionierung
des Gewaltsystems und des Kriegs" und stehe in „Widerspruch
gegen die Aufrichtung einer weltumspannenden Ordnung".
Zugleich wies Umfrid die falsche Behauptung zurück, die Politik müsse von den Gesetzen des Egoismus geleitet werden. Die
Moral sei auch auf den Staat anzuwenden. Seine Aufgabe be-
stehe darin, „der Menschheit, dem Reich Gottes zu dienen und
das Recht auf Erden aufzurichten".

Eine nicht minder geharnischte Absage an den preußisch-
neudeutschen Militarismus erteilte Umfrid in seinem „Anti-
Stengel". Der Rechts- und Staatswissenschaftler Karl Freiherr
von Stengel, Professor des Kirchen- und Staatsrechts an der Universität München, hatte sich in seinem Büchlein „Der ewige
Friede" über die Friedensbewegung lustig gemacht und den
Krieg „als ein Kulturideal und als ein religiöses Gebot" verherr-
licht. Als Stengel deshalb zum zweiten deutschen Delegierten
der Haager Friedenskonferenz von 1899 ernannt wurde, stellte
Umfrid mit seiner Kritik der Auffassungen Stengels zugleich jene
Grundlagen der Außenpolitik des Kaiserreichs in Frage, die in
erheblichem Maße zum Scheitern der Haager Friedenskonfe-
renzen beigetragen haben. Es bleibt nicht aus, daß sich die Gegner der Friedensbewegung mit Umfrid beschäftigen: Ein evan-

gelischer Theologe, der „in Deutschland den Kampf gegen die Verherrlichung des Machtgedankens mutig aufnahm" (Wehberg), sich nicht zu sagen scheut, daß „in Bismarck der einseitig nationale Gedanke aufs mächtigste verkörpert war", der dem Reichskanzler und den Generälen vorwirft, sich im Privatleben auf Christus und in der Politik auf das Schwert zu berufen – das grenzte an Ketzerei. Ein Amtsgenosse, Verfechter des Bündnisses von Thron und Altar, nennt Umfrid ehrenvoll einen „Friedenshetzer". Und neben Bertha von Suttner wird er zum meistgehaßten „Friedensfreund" einer Gesellschaft, die, wenn es um Krieg und Frieden geht, kaum eine Taktlosigkeit scheut. Als Umfrid im Januar 1910 in der „Friedens-Warte" den Artikel „Los von Bismarck!" veröffentlicht, ergießt sich über ihn eine Flut von Schmähungen. Umfrid hat derlei Anfeindungen stets gelassen hingenommen. „Doch" – so berichtet seine Tochter – „war natürlich die aufreibende Wirkung solcher sich oft wiederholender Vorfälle auf seinen schwachen Körper und seine überzarte Seele nicht zu unterschätzen, und nicht nur einmal ist er in der langen undankbaren Kampfarbeit am Zusammenbruch gewesen."

Ähnlich – wie Bernstein nach 1918 – suchte Umfrid vor 1914 die „Gefahr, in einen Weltbrand verwickelt zu werden," durch ein geeintes Europa zu bannen – als Vorstufe einer „weltumspannenden Ordnung", die auf einer „Föderation der Europastaaten" basieren sollte, wie es in seiner 1913 veröffentlichten Schrift „Europa den Europäern" heißt. Erst „wenn die Staaten Europas sich verbinden oder wenn wenigstens die mächtigsten unter ihnen sich durch Militär- und Marinekonventionen verpflichten, einander beizustehen für den Fall, daß einer von ihnen von dritter Seite angegriffen werden sollte", seien künftige kriegerische Verwicklungen vermeidbar. Dabei dachte Umfrid an eine die Bündnisse der Entente und des Dreibundes aufweichende Kooperation der verfeindeten europäischen Blöcke. Er trat daher auch nicht nur für eine deutsch-englische und deutsch-französische, sondern auch für eine deutsch-russische Verständigung ein und warnte schon 1913: „Wenn wir zu menschenwürdigen Zuständen gelangen, wenn wir nicht dem Militärdespotismus und der Rüstungssklaverei verfallen wollen, wenn wir wünschen, daß Europa weder den Generälen noch den Panzerplattenfabrikanten gehöre, so bleibt nichts anderes übrig, als dem Ziel der verbündeten Staaten Europas entgegenzustreben

… Heute ist Europa [noch] ein geographischer Begriff, ja, etwas Schlimmeres als das, ein von Kanonen durchdröhntes Waffenlager Europas, künftig könnte es ein von Leichen besätes Schlachtfeld, eine Brand- und Trümmerstätte der Kultur werden." In dem von ihm und dem russischen Schriftsteller Paul von Kusminsky verfaßten Aufruf bzw. „Brief an die Vertreter der russischen Intelligenz" verdeutlichte er 1914 im „Völker-Friede", daß die Kriegshetzer zweifellos imstande seien, „unsere Völker in den Strudel ihrer gemeingefährlichen Bestrebungen hineinzureißen, wenn nicht eine gesunde Reaktion dagegen einsetzt." Der Appell fiel im Zarenreich durchaus auf fruchtbaren Boden. Professoren und Abgeordnete waren bereit, sich für eine deutsch-russische Liga und Zusammenarbeit auf bürgerlich-demokratischer Grundlage stark zu machen. Man plante, „Propagandaredner in den Hauptstädten der beiden Reiche für die Verständigung" auftreten zu lassen und strebte als „leicht zu erreichendes Ziel … den Abschluß eines russisch-deutschen Schiedsvertrages" an – eine trügerische Hoffnung, wie sich schon bald herausstellen sollte.

Umfrids Sorge galt nicht nur dem sich in Deutschland weiter ausbreitenden militaristischen und machtstaatlichen Denken als gefährlichem Nährboden für die psychologische Vorbereitung eines „Zukunftskrieges". Stets befaßte er sich auch mit Fragen der internationalen Politik. Auf der Basis des Selbstbestimmungsrechtes der Völker und in scharfem Gegensatz zu der Auffassung vom Krieg als dem „Vater aller Dinge" plädierte er für eine Lösung von zwischenstaatlichen Konflikten im Sinne eines zivilen Rechtsstreites und des Schiedsgerichtsgedankens. So verfaßte er zum Beispiel in der Zeit des Venezuela-Konfliktes und des Casablanca-Zwischenfalles Eingaben an den Reichskanzler und forderte eine friedliche Beilegung der Streitigkeiten.

Eine tückische Augenkrankheit verbannte Umfrid, wie er sich selbst im Jahre 1909 ausdrückte, in den „internationalen Erdenwinkel seiner Dunkelkammer". Er war gezwungen, sich mehr und mehr von der Propagandatätigkeit zurückzuziehen. Schließlich mußte er, inzwischen völlig erblindet, im Herbst 1913 sein Pfarramt aufgeben. Als besonders schmerzhaft empfand er es, daß er von kirchlicher Seite kaum unterstützt wurde, obwohl es nach seiner Auffassung die Pflicht der offiziellen Kirche gewesen wäre, die Friedensbewegung von Amts wegen zu fördern. Nicht einmal seine oft wiederholten Eingaben an die Konsistorien um Einführung eines „Friedenssonntags" fanden Gehör. Die Resonanz der Friedensbewegung in den protestantischen Kirchen blieb gering, auch nachdem ein von Umfrid 1907 verfaßter und von Martin Rade und Lic. Weber mitunterzeichneter Aufruf bewirkte, daß etwa hundert protestantische Geistliche der DFG beitraten. Allzusehr war Umfrid dem späteren Verständnis der Kirche von der Friedensbotschaft des Evangeliums vorausgeeilt.

Ungleich größeren Einfluß auf die öffentliche Meinung erlangten indes die seit 1900 im „Kyffhäuserbund" zusammengeschlossenen Kriegervereine. Die Saat der gesinnungsmilitaristischen Agitation trug reiche Früchte. Im Jahre 1913 verfügte der „Kyffhäuserbund" über fast drei Millionen Mitglieder. Ebenso scharf bekämpfte der im Januar 1912 von Generalmajor August Keim gegründete „Deutsche Wehrverein", dem schon bald nahezu 100 000 Einzelmitglieder und fast 500 000 körperschaftliche Mitglieder angehörten, die Friedensgesellschaft, obwohl es ihr bis 1914 lediglich gelungen war, etwa 10 000 Personen für die Friedensidee zu begeistern. In seiner im Frühjahr 1914 verbreiteten Broschüre „Die Friedensbewegung und ihre Gefahren für das deutsche Volk" wandte sich Keim gegen den „geistlichen Antimilitarismus" und gegen die „Friedensfreunde als weltfremde Doktrinäre", die eine „Staatsgefährdung" darstellten, weil sie „verweichlichend" auf das Volk und die Wehrkraft einwirkten. Dem Machwerk Keims trat die DFG mit der Schrift „Der Wehrverein – Eine Gefahr für das deutsche Volk" entgegen, und Umfrid, der auch für die Herausgabe verantwortlich zeichnete, schrieb „den Kriegsbarden ins Stammbuch", „daß die Staatsgefährlichkeit nicht auf der Seite derer liegt, die dem Volk das höchste Gut, den Frieden, zu erhalten streben, sondern auf der Seite derer, welche das Kriegsgespenst so lang heraufbeschwören, bis es mit Feuerzungen und Schwerterklirren wirklich kommt".

Dennoch hoffte Umfrid, die politisch Verantwortlichen aller Großmächte würden nichts unversucht lassen, um einen „Weltenbrand" zu verhindern. Aber der Erste Weltkrieg fraß alles Erreichte weg. Die Verdienste, die sich Umfrid auf dem Gebiet der deutsch-französischen und deutsch-englischen Verständigung erworben hatte, sein Bemühen um eine „Friedenserziehung", sein Einsatz für die Freiheit des Menschen und die Anerkennung der Menschenrechte – wie beispielsweise in der armenischen Frage – als Bestandteil jedweder Friedenspolitik, seine soeben in die Wege geleitete Bildung eines Verständigungskomitees mit Rußland – all das war nun durch die Entfesselung des Ersten Weltkrieges zerstört.

Statt den Friedens-Nobelpreis zu erhalten, für den ihn, veranlaßt von Hans Wehberg, Professor Lassa F. L. Oppenheim, der große englische Gelehrte deutscher Herkunft und Inhaber des Whewell-Lehrstuhls für Völkerrecht an der Unversität Cambridge, vorgeschlagen hat, muß er 1914 erneute Schmähungen und Verfolgungen erdulden. Die Militärbehörden quittieren seine Vorträge „Sind wir noch Christen?" und „Wird dieser Krieg der letzte europäische sein?" mit einem dreifachen Verweis. Der freien Meinungsäußerung in Deutschland beraubt, veröffentlicht er 1915 in dem Schweizer Verlag von Orell Füssli seine gesammelten Kriegsaufsätze „Weltverbesserer und Weltverderber". Für den von November 1915 bis Februar 1917 verbotenen „Völker-Friede" gibt Umfrid die Monatsschrift „Menschen- und Völkerleben" mit mehr ethnographischen als politischen Abhandlungen heraus. Im Jahre 1916 untersagt ihm das stellvertretende Generalkommando in Stuttgart den Versand pazifistischer Bücher und Schriften, die Herstellung, Ausgabe oder Verbreitung vervielfältigter Mitteilungen sowie jedweden Schriftverkehr mit dem Ausland. Nicht einmal vor der Bespitzelung seines privaten Briefwechsels schrecken die Militärbehörden zurück.

Im Sommer 1916 übersiedelt Umfrid nach Lorch. In stiller Abgeschiedenheit verfaßt er „Das Vaterunser in moderner Form", ein ergreifendes Plädoyer für die „Ewige Liebe". Anfang des Jahres 1917 erkrankt er an einer schweren Grippe, die ein Gemütsleiden nach sich zieht. Weder Trost noch Ablenkung vermögen sein Leiden an der Zerstörung Europas zu lindern. Am Pfingstmorgen des Jahres 1920 stirbt Otto Umfrid, ohne Anerkennung gefunden zu haben. Freunde schmücken seine letzte Ruhestätte mit weißen Rosen und einer Friedenspalme. Auf dem Grabstein Umfrids steht das von ihm gewünschte Wort: „Selig sind die Friedfertigen, denn sie werden Gottes Kinder heißen."

*

Für Otto Umfrid war es „selbstverständlich, daß jedes echte Christentum aufs Schärfste gegen den Brudermord, wie er im Krieg ausgeübt zu werden pflegt, protestieren müsse, und so suchte ich wenigstens meiner Gemeinde etwas von dem Abscheu gegen die Menschenschlächtereien, der mich selbst beseelte, beizubringen in der Hoffnung, daß später einmal daraus eine Friedenssaat aufgehen werde." In diesem Sinne ergriff er insbesondere für die verfolgten und massakrierten Armenier Partei und klärte seine Gemeinde über die grausamen Geschehnisse der Jahre 1895/96 auf. Im September 1896 hielt er auch in der Stuttgarter Ortsgruppe der Deutschen Friedensgesellschaft einen Vortrag über „Die Christenverfolgung in Armenien" und sorgte für die Annahme einer Resolution, die sich für eine Kooperation der europäischen Großmächte aussprach und ein Ende der türkischen Herrschaft zugunsten einer staatlichen Selbständigkeit der bis dahin unterdrückten Völker forderte. Eine gedruckte Version des Vortrages erschien wenig später unter dem selben Titel im „Kirchlichen Anzeiger für Württemberg", den W. Heller als „Organ des evangelischen Pfarrervereins" seit 1892 in Ludwigsburg herausgab.[53] Eine erweiterte Fassung veröffentlichte Umfrid schließlich in seinem 1897 in Eßlingen a.N. erschienenen Buch „Friede auf Erden! – Betrachtungen über den Völkerfrieden", wobei er der zweiten, verbesserten und vermehrten Auflage von 1898 eine ausführliche Fußnote hinzufügte, in der Umfrid auf die Besprechung des Buches von Wilhelm Foerster einging.[54]

Wie Bernstein sah Umfrid deutlich, daß die Armenier und die anderen Christen im osmanischen Reich weiter bedroht und ohne Hilfe von außen verloren waren. Er war davon so überzeugt, daß die Stuttgarter Ortsgruppe der Deutschen Friedensgesellschaft im September 1896 eine von ihm verfaßte und empfohlene Resolution beschloß, die auf eine humanitäre Intervention der europäischen Großmächte in der Türkei hinauslief und die Zerschlagung des Osmanischen Reiches zugunsten der von ihm unterdrückten Völker vorsah. Damit hatte Umfrid den Kern des Problems wie kaum ein anderer vor und nach ihm erfaßt. Und der Ablauf der Geschichte sollte ihm, dem Pazifisten, der sich aus humanitären Gründen für eine militärische Intervention aussprach, letzten Endes Recht geben.

Umfrid schilderte nicht nur die blutigen Ereignisse von 1895/96, indem auch er auf Johannes Lepsius' Buch „Armenien und

Europa" zurückgriff. Vielmehr fragte er danach, was die europäischen Mächte und die deutsche Regierung getan hatten, um die Massaker zu verhindern. Die Antwort darauf fiel kläglich aus. Wo man auch hinsah, erwiesen sich Untätigkeit, Gleichgültigkeit, Ausflüchte und die Behauptung nationaler, ökonomischer und politischer Interessen als Begleitumstände und Hilfsmittel der Verbrechen. Nirgends war ein beherztes Engagement oder Eingreifen zu erkennen, daß die Unverletzlichkeit des menschlichen Lebens über die nationalen Belange eines Staates stellte.

Das galt aus der Sicht Umfrids auch und gerade für die deutsche Politik. Schon damals waren die Verantwortlichen bereit, Massaker an schutzlosen Minderheiten und die Ausrottung eines Teils dieser Minderheit hinzunehmen, herunterzuspielen und zu verschweigen bzw. sich vor einer klaren Stellungnahme zu drücken, weil die Verbrechen von einer Regierung angeordnet worden war, mit der man in freundschaftlichen Beziehungen stand. „Von diesem Standpunkt aus", schrieb Umfrid 1897 in seinem Buch „Friede auf Erden", „betrachten wir die auswärtige deutsche Politik der vergangenen Jahrzehnte in der Hauptsache als eine Politik des rücksichtslosen Staatsegoismus, dessen Konsequenz schließlich nur der Krieg aller gegen alle sein kann." Anders ausgedrückt: die deutsche Mitverantwortung an dem Völkermord an den Armeniern beginnt nicht erst während des Ersten Weltkrieges, als die raffiniert ausgedachte grausame Vernichtung eines kulturell wertvollen Volkes von 1 $\frac{1}{2}$ Millionen mit dem Zeitpunkt der stärksten deutschen Macht in der Türkei zusammenfiel, sondern bereits viele Jahre vorher. Obwohl Deutschland für die Sicherheit der Armenier – wie die anderen europäischen Großmächte – mitverantwortlich war, ließ es die Opfer im Stich, schonte die Täter oder stand ihnen sogar zur Seite. Dieser Kontinuität entspricht, daß Politiker in Frankreich oder England sich vor und nach dem Ersten wie Zweiten Weltkrieg in einem ganz anderem Ausmaß für die verfolgten Armenier eingesetzt haben, als das in Deutschland der Fall gewesen ist. Offenbar sind viele Politiker in der Bundesrepublik auch heute nicht bereit oder fähig, mit dieser Kontinuität diplomatischer Rücksichtnahme, die letztlich den Tätern zugute kommt, zu brechen. Ob „rot" oder „grün", ob „schwarz" oder „gelb" – von wenigen Ausnahmen abgesehen, scheint ihre politische Sozialisation davon beeinflußt zu sein, daß sie in einer „Tätergesellschaft" aufgewachsen und davon offenbar mehr geprägt worden sind, als sie es wahrhaben wollen oder möchten. Wie sonst kann man sich erklären, daß deutsche Politiker sich heute vehement gegen eine Anerkennung des Völkermordes an den Armeniern durch den Deutschen Bundestag aussprechen, während das französische Parlament diesen Schritt längst getan hat, obwohl auch die Regierungen der Dritten Republik nicht immer auf der Seite der Opfer gestanden haben? So erweisen sich die „Argumente" der deutschen Politiker als Ausflucht und letzten Endes als das, was sie sind – ein deutsches Problem.

Daß die Würde des Menschen unantastbar sein soll, gilt nicht erst seit sechzig Jahren als Richtschnur der Politik. Nach den umfangreichen Dokumenten und diplomatischen Aktenstücken, die Johannes Lepsius zusammengestellt und herausgebracht hat sowie nach den sonstigen inzwischen vorliegenden Quellen und Darstellungen, gibt es keinen Zweifel daran, daß die direkten Urheber des Völkermordes die Machthaber des jungtürkischen Triumvirats gewesen sind. Ein Politiker, der aus vordergründigen Motiven vor dieser historischen Tatsache davonläuft, macht sich objektiv zum Erfüllungsgehilfen und Komplizen derjenigen, die schon immer auf „Kriegsfuß" mit der Wahrheit gestanden haben. Und so sagt ihre Einstellung mehr über sie selbst aus, als über den Sachverhalt, um den es geht.

Ganz anders die Haltung von Bernstein und Umfrid. Sie empfanden sich nicht weniger als deutsche Staatsbürger und betrachteten es doch als ihre Pflicht, die erbärmliche Feigheit ihrer Regierung in der Armenierfrage zur Sprache zu bringen. Es war und ist eben nicht jeden Deutschen Sache, leichten Herzens die Schande zu ertragen, für eine Politik mitverantwortlich zu sein, die mit Blut besudelt ist. Gleiches gilt für den Versuch, sich mit dem Hinweis auf die Kompetenz von Historikern des eigenen Urteilsvermögens und politischer Verantwortung zu entheben. Bernsteins und Umfrids Bestreben war es, Abhilfe zu schaffen, weiteren Schaden von den Armeniern und der deutschen wie europäischen Politik abzuwenden und aufzuzeigen, in welch trüben Gewässern sich Regierungen, Parteien und Politiker bewegen, wenn sie nicht sagen, was um der Wahrheit und Menschenwürde willen zu sagen bitter Not tut.

Anmerkungen

1 Bei der Schilderung des Lebenslaufes und politischen Werdeganges hat sich der Verfasser auf folgende Publikationen gestützt: Francis Ludwig Carsten, Eduard Bernstein 1850-1932 – Eine politische Biographie, München 1993; Paul Mayer, Eduard Bernstein. In: Neue Deutsche Biographie. Bd. 2, Berlin 1955, S. 133 f.; Eduard Bernstein. In: Deutsche Biographische Enzyklopädie. Hrsg. von Walther Killy. Bd. 1, München/London/ Paris 1995, S. 475; S. Wininger, Eduard Bernstein. In: Große Jüdische National-Biographie – Ein Nachschlagewerk für das jüdische Volk und dessen Freunde. Bd. 1, Czernowitz 1925, S. 351 f.; Alexander Schifrin, Eduard Bernstein. In: Deutsche Republik, 7. Jg., Heft 14, S. 430-433, 1.1.1933; Wolfram Wette, Kriegstheorien deutscher Sozialisten – Marx, Engels, Lasalle, Bernstein, Kautsky, Luxemburg. Ein Beitrag zur Friedensforschung, Stuttgart/Berlin 1971; Manfred Rexin, 18. Dezember 2002: 70. Todestag von Eduard Bernstein – Kranzniederlegung der SPD Tempelhof/Schöneberg auf dem städtischen Friedhof Eisackstraße (Nähe Innsbrucker Platz) und Ansprache am Grab von Eduard Bernstein. www.spd-schoenberg.de/inhalte/rexin.htm, Zugriff 5.3.2005; Lothar Wieland, Eduard Bernstein. In: Helmut Donat/Karl Holl (Hrsg.), Die Friedensbewegung – Organisierter Pazifismus in Deutschland, Österreich und in der Schweiz. Mit einem Vorwort von Dieter Lattmann, Düsseldorf 1983, S. 39 f. – Die beste und sehr zu empfehlende Darstellung bietet F. L. Carstens Biographie, die auch die Veröffentlichungen Bernsteins verzeichnet. Allerdings fehlt ein Hinweis auf die Publikation von Bernsteins Armenier-Rede, die Carsten offenbar entgangen ist, weshalb er zu Bernsteins Engagement in dieser Frage auch nichts sagen kann.

2 Vgl. dazu den Artikel „Versammlungen". In: Vorwärts, 19. Jg., Nr. 149, 2. Beilage, 29. Juni 1902 (mit einem Abdruck der am Schluß von Bernsteins Rede angenommenen Resolution)

3 Siehe hierzu die Rede von Steffen Reiche in diesem Band, S. 135

4 So nach der Charakterisierung von Gustav Mayer, des Historikers der deutschen Arbeiterbewegung, in seinen Erinnerungen, zitiert nach F. L. Carsten, Eduard Bernstein, S. 199

5 Ebenda, S. 198

6 Ebenda, S. 11

7 Zitiert nach L. Wieland, Eduard Bernstein. In: H. Donat/K. Holl (Hrsg.), Die Friedensbewegung, S. 39, sowie nach F. L. Carsten, Eduard Bernstein, S. 145

8 Zitiert nach M. Rexin, Ansprache am Grab Eduard Bernsteins, S. 2

9 Zitiert nach L. Wieland, Eduard Bernstein. In: H. Donat/K. Holl (Hrsg.), Die Friedensbewegung, S. 39, sowie nach F. L. Carsten, Eduard Bernstein, S. 145

10 Vgl. Helmut Donat, Zur preußischen Wende der deutschen Geschichte – Die Unterredung Bernhardi-Roon im Februar 1862. In: Fried Ester-bauer/Helmut Kalkbrenner/Markus Mattmüller/Lutz Roemheld (Hrsg.), Von der freien Gemeinde zum föderalistischen Europa. Festschrift für Adolf Gasser zum 80. Geburtstag, Berlin 1983, S. 187-222

11 Zitiert nach F. L. Carsten, Eduard Bernstein, S. 14

12 Jacoby, einst in Deutschland ein gefeierter Freiheitsheld, stammte aus Königsberg und befand sich als führender Vertreter der Fortschrittspartei und Gegner der diktatorischen Aspirationen Bismarcks im Zentrum des Kampfes um Krieg und Frieden. Wie August Bebel und Wilhelm Liebknecht protestierte er im August 1870 gegen die Annexion Elsaß-Lothringens und bekam dafür Festungshaft. Im April 1867 prognostizierte Jacoby vor dem Hintergrund seiner Auseinandersetzung mit der machtstaatlichen Einigung Deutschlands von oben: „Deutschland – in staatlicher Freiheit geeint – ist eine sichere Bürgschaft für den Frieden Europas. Unter preußischer Militärherrschaft dagegen ist Deutschland eine beständige Gefahr für die Nachbarvölker, der Beginn einer Kriegs-epoche, welche Europa in die barbarischen Zeiten des Faustrechts zu-rückzuwerfen droht." Michael Hubenstorf, „Si vis pacem, para liberta-tem" – Johann Jacoby (1805-1877) und die „Internationale Friedens- und Freiheitsliga". In: Thomas M. Ruprecht/Christian Jenssen (Hrsg.), Äskulap oder Mars? Ärzte gegen den Krieg, Bremen 1991 [= Schriften-reihe Geschichte und Frieden, Bd. 4], S. 69

13 Zitiert nach F. L. Carsten, Eduard Bernstein, S. 66

14 Ebenda, S. 43 f.

15 Ebenda, S. 44

16 Ebenda

17 Ebenda

18 Ebenda, S. 44 f.

19 Ebenda, S. 60

20 Ebenda

21 Ebenda

22 Ebenda, S. 100

23 Ebenda, S. 101

24 Vgl. L. Wieland, Eduard Bernstein. In: H. Donat/K. Holl (Hrsg.), Die Friedensbewegung, S. 39

25 Siehe Friedens-Warte, XIV. Jg., Heft 1, S. 2-7, Januar 1912; über Fried vgl. den soeben erschienenen Beitrag von Dieter Riesenberger, Alfred

Hermann Fried (1864-1921). In: A.H. Fried, Mein Kriegstagebuch – 7. August 1914 bis 30. Juni 1919. Hrsg., eingeleitet und ausgewählt von Gisela und Dieter Riesenberger, Bremen 2005, S. 7-23 [= Schriftenreihe Geschichte & Frieden, Bd. 13]

26 Zu diesem Komplex siehe Eduard Bernstein, Die englische Gefahr und das deutsche Volk, Berlin 1911, sowie – nach dem Ersten Weltkrieg erschienen – Ders., Die Wahrheit über die Einkreisung Deutschlands, Berlin 1920

27 So nach A. Schifrihn, Eduard Bernstein. In: Deutsche Republik, 7. Jg., Heft 14, S. 430 ff., 1. Januar 1933

28 Vgl. hierzu den bereits erwähnten Eintrag von L. Wieland über Bernstein in dem Lexikon von H. Donat/K, Holl (Hrsg.), Die Friedensbewegung, S. 39 f.; in dem Band finden sich des weiteren Artikel über den „Bund Neues Vaterland", die „Zentralstelle Völkerrecht" sowie über das Verhältnis von „Sozialdemokratie und Pazifismus".

29 F. L. Carsten, Eduard Bernstein, S. 179

30 Ebenda

31 Hellmut von Gerlach, Grelling und Hitler. In: Die Zeit – Organ für grundsätzliche Orientierung, 3. Jg., Heft 17/18, S. 621, 5. September 1932

32 F. L. Carsten, Eduard Bernstein, S. 179

33 An der deutschen „Versailles"-Rezeption hat sich bis heute nichts geändert, und so wirkt die „nationale Einheitsfront" in dieser Frage bis in die Gegenwart fort. So versammelt der 2002 im Herbig Verlag erschienene Band „Versailles 1919 – Aus der Sicht von Zeitzeugen" ausschließlich Stimmen, die sich gegen das Vertragswerk richten. Es handelt sich dabei um eine Lizenzausgabe der 1978 unter dem Titel „Der Vertrag von Versailles" im Münchener Matthes & Seitz Verlag publizierten Ausgabe, die schon damals der Kritik nicht standhielt. Der Leser erfährt nichts über all jene deutsche Autoren, die sich wie Eduard Bernstein, Friedrich Wilhelm Foerster, Maximilian Harden oder Oskar Stillich – um nur einige zu nennen – für eine gerechte Beurteilung des Vertragswerkes eingesetzt haben. Ebenso fehlen die nichtdeutschen Stimmen einer positiven Würdigung der „Versailles"-Rezeption. Der deutsche Leser bleibt also weiter „abgekoppelt" von einer aufklärerisch-europäischen Auseinandersetzung mit den Folgen des Ersten Weltkriegs und den Ursachen der besonderen Gewaltmentalität während des Dritten Reiches.

34 F. L. Carsten, Eduard Bernstein, S. 179

35 M. Rexin, Ansprache am Grab von Eduard Bernstein. www.spd-schoen berg.de/inhalte/rexin.htm, Zugriff 5.3.2005

36 Vgl. F. L. Carsten, Eduard Bernstein, S. 196

37 Vgl. Die Neue Zeit, 20. Jg., 2. Band, Nr. 16 (laufende Nr. 42)/1901-1902, S. 481-486

38 Ebenda, S. 481

39 Ebenda, S. 483. Es spricht einiges dafür, daß Franz Mehring die Kritik an Bernsteins Rede verfaßt hat. Kaum einer war wie er als marxistischer Historiker mit der Geschichte des Preußentums vertraut. Und wie Bernstein gab er deshalb einem nationalen Befreiungskrieg unter den Hohenzollern keine Chance. Begriffe wie „Sklavensinn" oder „Anstelligkeit als Landsknechte" verweisen auf Mehring selbst bzw. den Rückgriff auf seine Diktion.

40 Ebenda, S. 484

41 Ebenda, S. 486

42 Vgl. Bernsteins Wiedergabe der Äußerungen Bülows in seiner Rede sowie dessen Ausführungen im Reichstag vom 3. März 1902, abgedruckt in: Stenographische Berichte über die Verhandlungen des Reichstags. X. Legislaturperiode. II. Session. 1900/1903. Fünfter Band. Von der 132. Sitzung am 1. Februar 1902 bis zur 168. Sitzung am 18. April 1902, Berlin 1902, S. 4546

43 Vgl. G. Gradnauers Rede vom 3. März 1902, im vorliegenden Band abgedruckt unter dem Titel „Alarmierende Nachrichten aus Armenien und die Pflichten der deutschen Regierung", S. 77-80

44 Zitiert nach der Besprechung von Bernsteins Rede in dem von Engelbert Pernersdorfer herausgegebenen und in Wien erschienenen Organ „Deutsche Worte – Politische Zeitschrift für das deutsche Volk in Österreich", XXII. Jg., Heft 7, S. 229; dort auch von Bernsteins Rede eine geraffte und gut zusammengefaßte Darlegung der wesentlichen Aussagen, auf die im folgenden Text zurückgegriffen wird.

45 Erschienen unter dem Titel „Les souffrances du peuple arménien et le devoir de l'Europe. Conférence publique faite à Berlin le 28 juin, 1902", Genf 1902; die deutsche Fassung brachte der Berliner „Dr. John Edelheim Verlag" heraus.

46 Moritz Kronenberg, Ein unglückliches Volk. In: Ethische Kultur – Wochenschrift für sozial-ethische Reformen, X. Jg., Nr. 32, S. 249 f., 9. August 1902

47 Ebenda

48 Vgl. den Bericht von Richard Feldhaus, Der Kongreß der Freunde Armeniens. In: Friedensblätter – Organ der Deutschen Friedensgesellschaft, 3. Jg., Nr. 8, S. 98-101, August 1902. – Die Pariser Kundgebung stand unter der Schirmherrschaft von Ernest Lavisse und Denys Cochin, Deputierter des Seine-Departements, in Berlin waren es die Professoren Adolf

von Harnack, Johannes Lepsius und Paul Rohrbach, die u.a. über das armenische Volk, seine Geschichte, Kirche und Literatur sprachen.

49 Ebenda. Seit dem VII. Weltfriedenskongreß in Budapest im September 1896 beschäftigte sich die internationale Friedensbewegung immer wieder mit den Ereignissen in Armenien, so auch insbesondere im April 1902 auf dem XI. Weltfriedenskongreß in Monaco. Vgl. hierzu die entsprechenden Ausführungen von H. Donat, Die Armeniermassaker im Spiegel der deutschen und internationalen Friedensbewegung (1895-1933). In: Heinrich Vierbücher, Was die kaiserliche Regierung den deutschen Untertanen verschwiegen hat: Armenien 1915 – Die Abschlachtung eines Kulturvolkes durch die Türken. Mit einem Geleitwort von Walter Fabian und einem Nachwort von H. Donat, Bremen 2004, S. 77-103

50 Vgl. hierzu den Nachweis in Anmerkung 43

51 Zu Bülows Antwort auf Gradnauer vgl. den Nachweis in Anmerkung 42

52 Der folgende Beitrag stellt eine erweiterte Fassung dar von Helmut Donat, Otto Umfrid (1857-1920) – Für die Einheit von Moral und Politik. In: Christiane Rajewsky/Dieter Riesenberger (Hrsg.), Wider den Krieg – Große Pazifisten von Immanuel Kant bis Heinrich Böll, München 1987, S. 61-68. Die Schilderung greift zurück auf Alfred Hermann Fried, Otto Umfrid. In: Ders., Handbuch der Friedensbewegung. Zweiter Teil: Geschichte, Umfang und Organisation der Friedensbewegung, Berlin/Leipzig ²1913, S. 415 f.; Grete Umfrid (Hrsg.), Zum Gedächtnis von Otto Umfrid. Mit einem Vorwort von Walther Schücking, Stuttgart 1920; Hans Wehberg, Otto Umfrid. In: Ders., Die Führer der deutschen Friedensbewegung (1890 bis 1923), Leipzig o.J. [1923], S. 41-44; Walter Bredendiek, Otto Umfrid – ein vergessener Vorkämpfer für eine Welt ohne Krieg. Zu seinem fünfzigstem Todestag. In: Stimme der Gemeinde zum kirchlichen Leben, zur Politik, Wirtschaft und Kultur, 22. Jg./1970, S. 394-402; Karl Holl, Otto Umfrid. In: H. Donat/K. Holl (Hrsg.), Die Friedensbewegung, S. 392; Christof Mauch/Tobias Brenner, Für eine Welt ohne Krieg – Otto Umfrid und die Anfänge der Friedensbewegung. Mit einem Geleitwort von Walter Jens, Schoenaich 1987. Der zuletzt genannten Titel enthält ein Verzeichnis der selbständigen Schriften Umfrids; die dort angekündigte spätere Veröffentlichung von Umfrids Artikeln in Zeitungen und Zeitschriften ist leider nicht ermittelbar und wohl auch nicht erschienen. Auf Umfrids Engagement oder das der Friedensbewegung in der armenischen Frage sind die beiden Autoren nicht eingegangen. – Um den Anmerkungsteil nicht unnötig „aufzublähen", hat der Verfasser weitgehend auf einen genauen Nachweis der Zitate verzichtet. Bei Interesse können diese beim Verlag nachgefragt werden.

53 In der Ausgabe vom 16. Juli 1896 publizierte das Blatt auch Umfrids Artikel „Christentum und Krieg", wozu die Redaktion in einer Fußnote anmerkte: „Wir halten es für die Pflicht eines christlichen Blattes, den Friedensfreunden die Spalten zu öffnen. Mag der Gedanke eines dauernden europäischen Friedens für den Augenblick Utopie sein, er muß jeden Christen sympathisch berühren. So gut einst die Sklaverei, so gut wird auch der Krieg dem Geist des Evangeliums weichen müssen." Zitiert nach einer Notiz in der von Bertha von Suttner herausgegebenen Monatsschrift „Die Waffen nieder!" V. Jg., Nr. 3, S. 349, September 1896

54 Der in diesem Band auf S. 59-74 abgedruckte Text Umfrids ist der im Jahre 1898 erschienenen zweiten Auflage, S. 90-107, entnommen.

STEFFEN REICHE

Für Wahrheit, Gerechtigkeit und Versöhnung

Rede, gehalten bei der zentralen Gedenkfeier
in der Frankfurter Paulskirche
für die Opfer des Genozids an den
Armeniern am 20. April 2002

Steffen Reiche

Wie hell mag wohl der Regenbogen geleuchtet haben über dem Ararat an jenem Tag, als der letzte Armenier bei Der-es-Sor in der Wüste erschlagen wurde? Wie majestätisch muß er den Ararat überstrahlt haben, damit Gott sich selbst Einhalt gebot? Er, der nach der Sündflut seinen „Bogen in die Wolken gesetzt" hatte als „Zeichen des Bundes zwischen Gott und der Erde…, damit nie mehr die Wasser zu einer Flut werden sollen, alles Fleisch zu vernichten".

Nur Gott hat jeden Schrei gehört, in jedes schreckensverzerrte Gesicht geschaut und jedes Gebet gehört, das geschrieen wurde gen Himmel, als die Türken den Völkermord, den Genozid an ihren armenischen Nachbarn begingen. Aber bei Gott ist jeder Schrei und jedes Gebet in aller Ewigkeit aufbewahrt. Denn hatte Gott so etwas schon gesehen, seit er das erste Mal den Regenbogen als Zeichen in den Himmel stellte, den Menschen und sich als Zeichen des Bundes?

Daß Türken Armenier töteten und Armenier Türken, war so neu nicht, aber daß im Schatten des Ersten Weltkrieges das Volk des Bundes von Mohammed das Volk des Bundes mit Christus millionenfach mordete, das ist singulär. Und so eröffnete Gott mit seinem Volk vom Ararat, das sich vor über 1700 Jahren zu Christus bekannte, wieder ein neues Kapitel – das des 20. Jahrhunderts, das mit den Schüssen von Sarajewo und dem Genozid an dem armenischen Volk begann. Schon ein einzelner Mord kann durch Menschen nicht gesühnt werden. Erst recht kein Völkermord, ein Genozid, der Mord eines Volkes an einem anderen. Aber weil er nicht sühnbar ist, muß er erinnert werden. Zukunft entsteht nur, wo in der Gegenwart gemeinsam die Wahrheit über die Vergangenheit ausgesprochen wird. Denn jede Gegenwart und ihre Zukunft haben eine Herkunft.

Wird der Völkermord am armenischen Volk geleugnet, dann gibt es eine ungebrochene Kontinuität von damals nach heute. Die politisch motivierte Leugnung des Genozids an den Armeniern fordert einen politischen Kampf um die Anerkennung des Völkermords. Dadurch aber wird das Erinnern gestört und beeinträchtigt. Wer darum streiten muß, daß seine Erinnerung nicht als unwahr diskreditiert wird, der kommt eben nur gestört zum Gedenken an die Toten, weil er zugleich um die Wahrheit seiner gegenwärtigen Erinnerung fürchten muß.

Ich bin Ihrer Einladung zum Gedenktag an die Opfer des Genozids an den Armeniern gern gefolgt, weil ich wie Sie glaube, daß das deutsche Volk, der Bund und die Länder in besonderer Weise betroffen und deshalb in Verantwortung sind, weil der Völkermord nur im Schatten eines von Deutschen begonnenen Krieges geschehen konnte und weil die deutsche Regierung, der deutsche Kaiser, ihren islamischen Bündnispartner nicht öffentlich bloßstellen wollte. Denn so schrieb der damalige Reichskanzler Theodor von Bethmann-Hollweg am 17. Dezember 1915: „Die vorgeschlagene öffentliche Koramierung eines Bundesgenossen während eines laufenden Krieges wäre eine Maßregel, wie sie in der Geschichte noch nicht da gewesen ist. Unser einziges Ziel ist, die Türkei bis zum Ende des Krieges an unserer Seite zu halten, gleichgültig ob darüber Armenier zu Grunde gehen oder nicht."

Ich bewundere die Französische Nationalversammlung, die in einem Beschluß mit Gesetzesqualität den Völkermord an den Armeniern anerkannte. Das ist natürlich in Frankreich einfacher, wo schon über viele Jahrzehnte mehrere hunderttausend Armenier leben, in Deutschland hingegen fast zehn Millionen Türken und Kurden. Dennoch bin ich traurig, daß mein eigenes Volk noch nicht so konsequent und mutig war, den Genozid anzuerkennen. Der 27. Januar, der Holocaust-Gedenktag, der Gedenktag an die Shoah, die Katastrophe für das jüdische Volk und die Befreiung des Konzentrationslagers Auschwitz wird in Deutschland begangen, weil unsere Eltern und Großeltern sechs Millionen Juden umbrachten. Aber der 24. April sollte künftig nicht nur *in* Deutschland – wie heute in Frankfurt –, sondern auch *durch* Deutschland erinnert werden, weil Deutsche nicht interveniert haben, als die armenische Intelligenz in der Nacht vom 24. zum 25. April 1915 verhaftet wurde.

Die Geschichte der Deutschen ist eine andere als die der Türken mit den Armeniern. Die Deutschen beschlossen in Berlin im Haus der Wannsee-Konferenz die „Endlösung" der Judenfrage und sie brachten systematisch sechs Millionen Juden um. Deshalb steht in Deutschland die Auschwitz-Lüge unter Strafe. Aber die Der-es-Sor-Lüge, die Leugnung des Genozids in der Wüste bei Der-es-Sor, darf in Deutschland auch nicht mehr geduldet werden.

Wir Deutsche befinden uns in der besonderen Verantwortung, unsere türkischen Freunde und Bündnispartner zu mahnen, den Genozid anzuerkennen. Nicht nur weil wir in Vergangenheit und Gegenwart in einer engen Beziehung stehen. Nicht nur weil in

Deutschland besonders viele türkisch-stämmige Mitbürger leben, sondern weil die Deutschen besser als irgendein Volk wissen, daß nur die Anerkennung von Schuld den Weg zu einem friedlichen Miteinander öffnet. Wir sind als Deutsche nur geworden, was wir sind, durch die Auseinandersetzung mit dem Genozid an den Juden. Die Alphabetisierung unseres Gewissens im 20. Jahrhundert hat dadurch stattgefunden. In Israel geht es heute um Land für Frieden, am Bosporus aber geht es um etwas viel Einfacheres: Um die Wahrheit für ein friedliches Miteinander. Bülent Ecevit hat zu meiner großen Überraschung in Bezug auf die Kriegshandlungen zwischen Israelis und Palästinensern von einem Völkermord gesprochen. Abgesehen davon, daß dies nicht zutrifft, ist es überraschend, wie schnell der damalige türkische Regierungschef bezogen auf andere Völker und Regionen den Begriff „Völkermord" gebraucht.

Ich bedaure, daß wir in der Stadt des „weißen Raben" Lepsius, des tapferen Mahners, in Potsdam noch immer sein Haus nicht saniert haben. Aber es ist seit dem Besuch des Katholikos, bei dem endlich eine Straße nach Johannes Lepsius benannt wurde, ein wenig geschehen. Für die Planung der Sanierung und den Erhalt des Gebäudes sind bisher 180 000 DM ausgegeben worden, und regelmäßig werden Sicherungsmaßnahmen durchgeführt. Die Gespräche mit der Universität Halle und dem dortigen Lepsius-Archiv sind gerade im Januar intensiviert worden, um ein wissenschaftliches Kooperationsprogramm der Universitäten Potsdam und Halle-Wittenberg für eine Kultur der Toleranz und einen Dialog der Kulturen aufzubauen. Ich setze mich auch in Zukunft dafür ein, daß es sich bald zu einem Ort der Begegnung entwickelt, an dem die Erinnerung und das Gedenken ebenso zu Hause ist wie wissenschaftliches Arbeiten. Vor allem die junge Generation soll im Land Brandenburg und in Deutschland von dem Genozid an den Armeniern erfahren. In die neuen Rahmenlehrpläne der weiterführenden Schulen wird deshalb erstmals der Genozid an der armenischen Bevölkerung des osmanischen Reiches aufgenommen. Ich will deshalb einen Schülerwettbewerb ausloben, in dem die Teilnehmer sich mit dem Völkermord auseinandersetzen und die Ergebnisse ihrer Forschungen in einer von ihnen gefundenen jugendgemäßen Form präsentieren sollen. Ich werde selber in Schulen gehen und über die Lesung des Textes „Zwischenspiel der Götter" aus dem ersten Band von Franz Werfels „Die vierzig Tage des Musa Dagh" (in dem das Treffen von Lepsius mit Enver Pascha geschildert ist) das Gespräch mit Schülern suchen.

Am kommenden Dienstag stelle ich bei dem Internationalen Forum „Wahrheit, Gerechtigkeit, Versöhnung" in Stockholm, der zweiten Nachfolgekonferenz zum „Stockholm International Forum on the Holocaust", dar, warum ich in unsere neuen Rahmenlehrpläne auch die Auseinandersetzung mit dem Armenier-Genozid aufgenommen habe. Eine Konferenz übrigens, bei der am Anfang die Armenier als Betroffene eines Genozids in unentschuldbarer Weise nicht eingeladen waren.

Die Bundesrepublik Deutschland ist in dieser Frage noch nicht so weit wie die Russische Staatsduma, die den Völkermord an den Armeniern als solchen anerkannt hat. Aber auch Deutschland war schon einmal weiter. 1919 fand am 14. Mai ein Gottesdienst in der Hedwigs-Kathedrale statt, und die diplomatischen Vertretungen in Deutschland wurden mit persönlichen Einladungen dazu gebeten. Auch die Freisprechung des Armeniers Soromon Tehlerjan durch ein deutsches Gericht im Jahre 1921 spricht eine klare Sprache. Deshalb wäre es gut, wenn regelmäßig am 14. Mai in der Hedwigs-Kathedrale an den Völkermord erinnert würde und die Namen der Orte, aus denen man Armenier evakuierte und umbrachte, ebenso memoriert würden wie die 800 Namen der armenischen Intellektuellen, die man am 24. April 1915 abgeführt hat – nicht zu vergessen die mittlerweile vielen Namen armenischer Opfer, die im Lepsius-Archiv bzw. im Institut für Diaspora und Genozid bekannt sind.

Wenn wir heute eine Reise in andere Länder machen, geschieht das meist so, daß wir uns in ein Flugzeug setzen und in wenigen Stunden die über 3 000 km auf die Kanaren oder die 6 000 km in die USA oder nach Kanada oder die 7 000 km nach Lateinamerika und seine Urlaubsregionen oder nach Fernost auf Marco Polo-Spuren zurücklegen. Wir wollen uns erholen und zugleich die Welt erkunden. Warum auch nicht? Meist haben wir in der kurzen Zeit die Zeitung und einige Kapitel eines guten Buches gelesen. Wenn wir das Flugzeug verlassen, wissen wir nicht wirklich, wo wir gelandet sind. Wir haben zwar den Reiseführer gelesen, und das Bordfernsehen hat uns mit einem sich für unser Gefühl viel zu langsam bewegenden Pfeil auf der Route den Standort gezeigt, aber wir schwebten über den Wolken. Bei mir war das früher anders. Als ich vor zwanzig Jahren in Armenien ankam, lagen körperliche Strapazen, aber auch geistige Anregungen hinter mir. Ich war illegal gereist, hatte mich auf dem Transit von Brest an der polnisch-sowjetischen Grenze nach Iasi an der sowjetisch-rumänischen Grenze vom Weg abgesetzt, um mir einen alten Traum zu erfüllen. Tage und Nächte im Obschi-Waggon, der vierten Klasse, wo eine Fahrt von Baku bis Brest nicht mehr als 15 Rubel kostete. Ich ließ in Brandenburg eine vertraute Umgebung hinter mir, die von 300 Jahren preußischer Geschichte geprägt ist bzw. in seinen alten Klostergründungen und Domen bis zur ersten Jahrtausendwende zurückreicht. Ich kam durch Polen, sah die Folgen der polnischen Teilungen und die des Zweiten Weltkrieges – Polen, das mit Herzog Mirko und seinem Sohn Boleslaw 966 in die Geschichte eingetreten ist. Alles war mir vertraut, weil die Katholische Kirche und die von Westen aus erfolgte Mission eine Klammer für Architektur, Literatur und Lebensformen schuf. Noch tiefer in die Zeit stieß ich in Kiew vor, wo der von Photos für das Jahr 867 bezeugte Bischof der Russen wohl residiert hat und ich das tausend Jahre alte Höhlenkloster besuchte: ein Bauwerk, das den Tataren trotzte und bis heute ein steinerner Zeuge der Mission von Konstantinopel aus der byzantinischen Zeit. Ich fuhr weiter nach Georgien, sah Ruinen aus dem 6. Jahrhundert, wie in Mzcheta die Dschwari-Kirche oder die Narikala-Festung aus dem 4./5. Jahrhundert in Tibilissi. Ein Volk, daß schon 350 durch das Wirken der heiligen Nino das Christentum griechisch-orthodoxer Prüfung angenommen hat und zur Staatsreligion machte. Und ich kam nach Leninakan und nach Armenien, mitten in der Nacht. Die Scheinwerfer tasteten den Zug an der sowjetisch-türkischen Grenze ab, damit niemand von uns in den Westen abspringen konnte, der für mich bisher immer weit im Osten gelegen hatte. Ein Kommunist, unterwegs zu einem Treffen schreibender Arbeiter, raunte mir, als wir den Berg Ararat im Dunkel ahnen konnten, zu: „Wir Armenier sind doch alle Christen!" Vielleicht verstehen Sie, warum ich für Stunden nichts mehr begriff in dem Land, das vor dem Europa missionierenden Rom das Christentum zur Staatsreligion erhob und wo König Tiridates III. schon um 280/90 Christ wurde. Wo sich in Matenadaran Handschriften befinden, die ich bisher nur aus den Fußnoten von mir heiligen Originaltexten kannte, und wo ich endlich Etschimiadzin betreten konnte, von wo aus gesehen Byzanz ebenso wie Rom weit im Westen lag und das ein vergleichbar heiliger, traditionsreicher Ort ist und mir, dem Ostdeutschen, beide ersetzten. Denn weder Istanbul noch Rom durfte ich damals besuchen. Hier kam ich wenigstens unerlaubt hin. Armenien, das auf dem Konzil zu Nizäa vertreten war und mitgesprochen hatte: Gott von Gott, Licht von Licht, wahrer Gott vom wahren Gott, gezeugt nicht geschaffen, eines Wesens mit dem Vater.

Mein kirchlicher Bezugspunkt war bis dahin Wittenberg 1517, die Schloßkirche, die Thesen Martin Luthers. Man kann sich vorstellen, daß ich in Etschimiadzin in anderer Weise auf die Knie gegangen bin, als in Wittenberg gesungen und gebetet wird. Und wie bitter, wie traurig ein Mensch sein kann, wenn er an den umgesunkenen Pylonen am Völkermorddenkmal auf dem Zizernakaberd die Musik von Aram Chatschaturjan hört und versteht, das dieses Volk, seit es vor 2 600 Jahren aus dem phrygischen Raum in ein Gebiet kam, in dem nicht nur die Erde bebt, weil hier Platten aufeinander stoßen, sondern auch die Völker nicht zur Ruhe kommen, weil Europa und Asien mit ihren Völkern in einer politisch, geistig und religiös einzigartig zerrissenen Landschaft aufeinander stoßen. Niemand ahnte, daß diesem Volk seine schwerste Leidensprobe noch bevorstand, als am Abend des 24. April 1915 die geistige Elite, 800 Intellektuelle ins Nichts geführt wurden, bis dann 1916 über Der-es-Sor, über Fabur der „Regenbogen Gottes" kräftig leuchten mußte, damit nicht wieder eine Sündflut käme, um hinwegzuspülen die verderbte Menschheit. Dreiviertel der zwei Millionen Armenier im Osmanischen Reich, 1,5 Millionen, waren geschlachtet worden. „Nie wieder!" – hatte die zivilisierte Menschheit nach dem Mord an 25 000 Hottentotten, einem Viertel der 100 000, gehofft. „Nie wieder!" nach Der-es-Sor. Und erst recht nicht „Nie wieder!", nachdem sich am 27. Januar die Tore von Auschwitz geöffnet haben und wir wissen: Sechs Millionen Mal ist ein einziger unersetzbarer Mensch umgebracht worden. Auch nach dem Völkermord in Rwanda, nach dem Gemetzel in Bosnien ist unsere Bitte noch immer nicht erhört. Und wir kennen den Grund: Wir haben zu wenig getan.

Adorno glaubte, daß man nach Auschwitz keine Gedichte mehr schreiben kann. Dorothee Sölle schrieb: „Wie ich nach Auschwitz Gott loben soll, das weiß ich nicht."

Komitas ist über den Völkermord am armenischen Volk wahnsinnig geworden. Der Bartolk der Armenier hat nie wieder einen Ton gesungen oder komponiert.

Eli Wiesel erzählt die Geschichte von den drei Juden, die in Auschwitz über Gott zu Gericht sitzen. Bis zum frühen Morgengrauen. Und dann fällen sie das Urteil über Gott:

> Der Erste: Schuldig.
> Der Zweite: Schuldig.
> Der Dritte: Schuldig.

In dem Moment geht die Sonne auf. Die drei Juden binden ihre Tephilim, stehen auf, loben Gott und beten ihre Psalmen.

Gott hat den Menschen die Freiheit gegeben. Aber auch der schlimmste Mißbrauch, der Völkermord, hebt den Gebrauch der Freiheit nicht auf. Augustinus sagt: „Abusus non tollit usum."

Ich habe von meiner Reise nach Armenien erzählt, weil sie zeigt, daß wir uns in einer Heilsgeschichte befinden. Auch nach dem 11. September 2001, auch trotz der 200 Millionen Kinder, die im Jahr 2002 nach Christi Geburt, im Jahr des Heils, sterben werden – wir leben in Gottes Heilsgeschichte. Gegen alles menschliche Tun und noch immer unendlich weit entfernt von einer heilen Welt, verändert sich immer mehr zum Guten. Und deshalb glaube ich, und das heißt in diesem Fall mehr als es zu wissen, daß dieser Genozid anerkannt werden muß – und anerkannt werden wird.

Ich bin sicher, daß nach der Französischen Nationalversammlung, der Russischen Duma, dem römischen und dem mailändischen Magistrat andere folgen werden, weil sie müssen. Ich bin gespannt, ob sich erst das Kapitol und dann der Bundestag im Reichstag äußern – vielleicht aber auch umgekehrt. Ich hoffe, daß wir nicht bis 2015 warten müssen, bis zum 100. Gedenktag an den Genozid. Auf jeden Fall liegt bis dahin ein großes Stück Arbeit vor uns. Arbeit der Geduld und der Liebe.

Der Geduld, mit der wir immer wieder erinnern und erzählen müssen und werden. Und der Liebe, mit der wir in Deutschland, Großbritannien, den USA und der Türkei werben – daß Geschichte nicht verdrängt werden darf, weil sie sonst wiederkehren könnte. Nur durch die Wahrheit erschließen wir uns eine gemeinsame Zukunft. Und so wird das Motto des Internationalen Forums, das am 24. April diesen Jahres, am Gedenktag des Genozids an den Armeniern in Stockholm stattfinden wird, Wirklichkeit: Wahrheit, Gerechtigkeit, Versöhnung.

STEFFEN REICHE

„Schaudernd ob der Unmöglichkeit, aus der Zeit zu schreiten" – denn „Dein Herz ist durchstochen"

Rede, gehalten zum Gedenktag des Genozids an den Armeniern in Berlin am 24. April 2004

Ein Gedenktag wie der heutige fragt danach, wie *wir* zu dem Genozid an den Armeniern stehen, uns selbst der Erinnerung stellen und mit der Geschichte und Verantwortung umgehen. Trotzdem antworten wir auf diese Herausforderung häufig lieber damit, uns Gedanken über die *allgemeine* Bedeutung von Verfolgung und Völkermord zu machen. Das ist aus unterschiedlichen Gründen bequemer. Doch so wichtig es ist, übergeordnete Handlungsmaximen aus der Beschäftigung mit einem Völkermord zu gewinnen, und so wichtig Diskussionen über Menschenrechte, Toleranz und Akzeptanz auch sind, so wenig allgemein läßt sich die Geschichte eines Völkermords erzählen.

Ein Völkermord hat Täter und Opfer. Wie zahlreich die Opfer auch sein mögen, sie bleiben spezifisch, sind nicht namenlos, anonym oder zufällig. Und so schnell wir von der Barbarei des 20. Jahrhunderts oder dem Jahrhundert des Terrors sprechen, vom Schicksal und Unglück, es sind stets nur sprachliche Brücken, die es uns erlauben, die Grausamkeiten auf Distanz zu halten. Denn die Entscheidungen und Einstellungen der Täter müssen vor dem Hintergrund eindeutiger politischer Ziele und Strategien gelesen werden. Die Ermordung der Opfer geschah bewußt und im direkten Gegenüber, durch ein unmittelbares Tötungshandeln.

Daß Menschen dazu fähig sind, löst eine Beunruhigung aus, mit der wir uns nur sehr schwer konfrontieren lassen wollen. Eben mit der Tat selbst und einer Wirklichkeit, die der 1891 in Wien geborene Dichter Eugen Hoeflich so unnachgiebig in Worte gefaßt hat. Sie hörten eingangs seine 1920 veröffentlichte Erzählung *Die schrecklichen Nächte*. Der Schrei der Ermordeten, so der Autor, versickerte nicht im Sand, sondern „schwang sich, eine blutige Spur, hinter mir her." Hoeflich schildert eine vielleicht typische Reaktion: der Soldat rennt hinaus in die Wüste und stopft Sand in seine Ohren. Auch später noch, Jahre danach, ist er immer wieder in der Wüste zu finden, mit den Händen an den Ohren, selbst schreiend, um sich gegen die nicht aufhörenden Schreie zu wehren.

Eugen Hoeflich, während des Ersten Weltkriegs als junger Offizier in das Osmanische Reich gesandt, war Zeuge des Völkermords an den Armeniern. 1927 wanderte er nach Palästina aus und wurde unter dem Namen Mosche Jaakov Ben-Gavriel einer der bedeutenden zionistischen Dichter. Nahezu jede Erzählung, jedes Gedicht blieb von den Bildern der Ermordung der Armenier bestimmt.

„Wie Zeugnis ablegen für die gesehene Gewalt?

Wie Worte finden für den nicht anhaltenden, nichts verschonenden Vernichtungswillen?"

Hoeflich stellte noch eine weitere Frage:

„Wie kann man sich der Aufgabe entziehen, *nicht* Zeugnis abzulegen, wo niemand anderer übrig ist, der erzählen könnte?"

In dem Gedicht *Die tote Stadt* schreibt er:

> „Zwölf Kinder liegen wie Soldaten.
> Aus schwarzen Wolken rinnen rote Schatten. [...]
> Der Leichenwäscher hat kein Grab;
> Nichts west; der Schreiner liegt bei seinen Särgen,
> Der Gräber starb; mag Gott die Leichen bergen.
> Kein Ruf weht durch die tote Stadt."

Es ist die absolute Unterbrechung und Unmöglichkeit eines Lebens danach, die einen Völkermord kennzeichnet. Auch der Leichenwäscher, der Sargschreiner und selbst der Totengräber sind ermordet. Kein Ruf der Opfer bleibt bestehen, wenn nicht die Zeugen es berichten. Doch wer kann sehen, wer verstehen? Eugen Hoeflich konnte es. In seinen Arbeiten verwob er armenische und jüdische Erfahrung, um immer wieder die Frage zu stellen, ob es ein Entkommen aus dieser Geschichte gibt. Charakteristisch für ihn ist, wie Hoffnung und Klage sich paaren, wenn er schreibt: „Wenn meine Seele weinen könnte!"

> „Warum soll ich nicht menschlich sein [...]?
> Warum gabst Du mir scharfes Sehen?
> Warum, o Gott, darf ich nicht Einer sein von Vielen,
> Warum aus einem Stamm, auf den zehntausend Bogen
> zielen?"

Der letzte Satz könnte auch von einem armenischen Dichter stammen. Über Jahrhunderte bestimmten Verfolgungen und Zerstreuungen die Geschichte der Armenier. Und doch ist der Genozid, für den der 24. April 1915 als symbolisches Datum steht, nur schwer in einer solchen Kontinuität zu sehen. Da ist die kalte Rationalität der Planung und Durchführung der Deportationen und Ermordungen, den Genozid als Teil der Geschichte des Unglücks zu erzählen. Da ist die Absolutheit des Anspruchs, die Armenier aus dem sozialen Leben einer neuen

Türkei zu drängen. Die Ereignisse der Monate 1915/16 sind eben nicht zu begreifen als Eskalation einer außer Kontrolle geratenen Kriegsmaßnahme. Sie waren auch nicht die Steigerung eines nachbarschaftlichen Konflikts. Bernard Lewis hat es einmal in die folgenden Worte gefaßt: „Für die Türken stellte die armenische Bewegung die tödlichste von allen Bedrohungen dar. Türkische und armenische Dörfer, unentwirrbar gemischt, hatten über Jahrhunderte in nachbarschaftlicher Übereinkunft gelebt. Nun begann ein zerstörerischer Kampf zwischen ihnen – ein Kampf zwischen zwei Nationen um den Besitz des einen Heimatlandes."

Aber auch diese viel geäußerte Deutung ist eine Rechtfertigungsthese: Die Armenier stellten weder eine Gefahr noch eine tödliche Bedrohung da. Sie waren eine Gefahr allein aufgrund ihrer Gegenwart, ihres Vorhandenseins. Gerade sie, die mit grossen Hoffnungen 1909 in das erste jungtürkische Parlament einzogen, erschienen in den politischen Programmen der Jungtürken als größtes Problem. Als wichtiger Bestandteil des sozialen und ökonomischen Systems beanspruchten sie nun auch eine Integration in das politisch-parlamentarische System. Gerade die letzte Vorstellung, daß der wirtschaftlichen Emanzipation eine politische folgen und ein Armenier im Parlament einen Türken repräsentieren könnte, war für die neue türkische Elite nicht auszudenken.

Auch wenn es hier nicht möglich ist, auf die Jungtürkenbewegung detailliert einzugehen, seien doch einige Grundzüge skizziert, zumal dieses Kapitel der türkischen Geschichte häufig vergessen und die Umwandlung des osmanischen Systems in den türkischen Nationalstaat mit Mustafa Kemal Atatürk verbunden wird. Doch bereits Ende des 19. Jahrhunderts zeigte sich in den politischen Schriften ein Neuorientierung: die imperiale, an islamisch-herrschaftlichen Zielen orientierte Politik war hinter der Idee der Gestaltung einer modernen, starken türkischen Nation zurückgetreten. Eine neue türkische Elite erklärte die europäische Nationenidee als einzigen Weg für die Erneuerung einer osmanischen Türkei. Konzentriert auf den Gedanken einer zu erstrebenden Einheit von Volk und Nation, Sprache und Gesetz, Kultur und Ökonomie, verwob sie den Nationalstaatgedanken mit der Vorstellung eines besonderen türkischen Auftrags, der mit dem Anspruch einer besonderen Höherwertigkeit und Führungsfähigkeit einherging.

Eine kultur- und zivilisationsfähige Nation, so der Ideologe Ziya Gökalp, sei nicht aus einem „Amalgam" der Völker zu bilden. Die Gefahr eines solchen „Amalgams" aber sahen die jungtürkischen Führungszirkel, als sie im November/Dezember 1908 das erste Parlament zusammenriefen: unter den 275 Abgeordneten des Parlaments waren 142 Türken, 60 Araber, 25 Albaner, 23 Griechen, 12 Armenier, 5 Juden, 3 Serben und 1 Kulake.

Dieses Rest-Problem des osmanischen Reiches galt es nun zu beseitigen. Mit dem Jahr 1909 begann eine Politik, die einen totalen Staat anstrebte: Berufs- und Interessenverbände, Jugend- und Kulturorganisationen wurden sämtlich vereinheitlicht und der Partei unterstellt. Neue Gesetze, die z.B. die Vererbung von Kapital erschwerten, oder für die Privatschulen und Zeitungen verdeutlichten die restriktive Politik. Nach der Auflösung des Parlaments (1911) und der Neuwahl (1912) – die mit allen zur Verfügung stehenden staatlichen Mitteln manipuliert war und später als eine „Wahl von Schlag und Stock" bezeichnet werden sollte – ließen sich die Jungtürken in ihren politischen Zielen nicht mehr beirren. Die als Neuwahl verschleierte Machtübernahme zeigte sich zunächst in dem absoluten Mehrheitsverhältnis innerhalb des Parlaments: neben den 270 Abgeordneten Jungtürken gehörten nur noch 6 der Opposition an.

Die Macht der Jungtürken lag in den Händen des „Triumvirats", das sich 1913 durchsetzte: Talaat, Enver und Djemal Pascha. Doch die wirkliche Macht drückte sich darin aus, daß 1913 keine einzige Berufs- oder Kulturvereinigung mehr existierte, die nicht der jungtürkischen Bewegung „Einheit und Forschritt" zuzurechnen war. Und daß konsequent die Entscheidungen nicht in der Partei, nicht im Parlament, sondern im Geheimen Komitee getroffen wurden, aus dem auch die Hauptplaner des Genozids stammten.

So stellte der Genozid von 1915/16 keine Eskalation des Hasses gegen den *Gavur* dar, den verachteten Ungläubigen – wie noch die Massaker während der 1890er Jahre unter Sultan Abdul Hamid II. Aus dem Ungläubigen war ein innerer Fremdkörper, ein innerer Feind geworden, der der nationalen türkischen Wiedergeburt und insbesondere der Schaffung eines Raumes für ein türkisches Leben entgegenstand. Der Genozid selbst ist daher vor dem Hintergrund der Phasen seiner Vorbereitung zu erörtern – den Entrechtungen und Enteignungen seit 1909 sowie den Tätigkeiten der Geheimorganisationen, die, zunächst mit gezielten Tötungsmaßnahmen an politischen, ökonomischen und kirchlichen Repräsentanten der Armenier beauftragt, später die Deportationen organisierten. 1914 wurde die armenische Bevölkerung zudem von einer Welle von Durchsuchungsaktionen verunsichert. Dabei entfernte man nicht nur Waffen aus den armenischen Häusern, sondern auch unzählige Wertgegenstände. Der deutsche Botschafter Wangenheim sprach angesichts der Morde von „Proskriptionslisten", nach denen die Mitglieder der örtlichen jungtürkischen Clubs offensichtlich vorgingen.

Nach der Unterzeichnung der geheimen deutsch-türkischen Bündnisvereinbarung am 2. August 1914 über den Eintritt der Türkei in den Weltkrieg an der Seite der Mittelmächte zog man sämtliche wehrfähige armenische Männer im Alter von 20 bis 45 Jahren zu Sonderbataillonen ein und brachte sie aus den Dörfern und Städten des gesamten Anatoliens.

Im Februar 1915 begannen die ersten Deportationen, wobei man zumeist nach einem festen Schema vorging: zwei bis drei Tage vor dem endgültigen Marschbefehl wurden die noch übriggebliebenen Männer verhaftet und außerhalb der Dörfer und Städte ermordet. Dann erhielten die Frauen den Befehl, ihre Bündel zu schnüren und die Häuser abzuschließen. Ortschaft für Ortschaft setzte man die Armenier zu verschiedenen Zeiten und auf unterschiedlichen Wegen in Marsch. In geographisch ungünstigen Dörfern oder solchen, in denen man Widerstand vermutete, verzichtete man auf eine Deportation und tötete die Menschen an Ort und Stelle. Wo die Linie der Bagdadbahn bereits in Betrieb war, benutzte man auch sie für die Deportationen. Die Wege, die die Frauen und Kinder zurücklegen mußten, führten zu Fuß über mehrere Wochen bis zu den Wüstentälern Syriens. Hier wurden die letzten noch Lebenden ermordet.

Es gibt unterschiedliche Annäherungen an einen Gedenktag wie den heutigen. Die eine – und es fällt mir schwer, das heute erwähnen zu müssen – schließt die noch immer anhaltende türkische Verleugnung ein. Mit der Ausstellung „Nennt mich Istanbul" hat die Stadt Karlsruhe am 17. April 2004 ihre 17. Europäischen Kulturtage eröffnet. Das Theaterstück „Beast on the Moon" von Richard Kalinoski, das während der Festspiele aufgeführt werden sollte, wurde kurzfristig aufgrund türkischer Proteste gestrichen. Man wolle zur Verständigung beitragen, so die Generalintendanz der Staatsbühne Karlsruhe. Nicht für Unruhe sorgen. Es ist interessant, wie leicht wir dem Satz zustimmen und akzeptieren, daß das ständige Beharren des Opfers auf seiner Erinnerung für Unruhe sorge – und wie wenig wir sehen, daß es nicht das Opfer ist, das stört, sondern der Genozid selbst. Ich bin überzeugt, daß es ein Fehler ist, relativierende Haltungen nur als Abwehrreaktion zu verstehen. In Argumenten der Leugnung sind explizite politische Ziele, Werte und Normen enthalten und formuliert. Leugnung hat gesellschaftliche, institutionelle Strukturen und erfüllt politisch-soziale Aufgaben. Besonders ernst nehmen muß man, daß jedwede Argumentation gegen die Thesen der Leugner problematisch ist. Denn man läßt sich stets, um die Thesen zu widerlegen, auf die Argumente der Leugner selbst ein – und macht somit historische Tatsachen verhandelbar. Umso wichtiger sind Akte, die man als symbolisch bezeichnen kann, die aber, weil sie politische Rahmen setzen, einen wichtigen Schutz bieten. Damit meine ich zum Beispiel öffentliche Erklärungen oder Stellungnahmen aus der Politik. Trotzdem tritt auch hier eine Gefahr auf, denn die politische Auseinandersetzung kann die Arbeit an der Erinnerung nicht ersetzen.

Es ist übrigens gar nicht so schwierig, sich mit dem Völkermord zu beschäftigen, aber der Konfrontation mit der Geschichte und den Schreien der Opfer, um bei Eugen Hoeflichs Bild zu bleiben, auszuweichen. Wolfgang Thierse hat einmal zu Recht kritisiert, daß wir in Deutschland eine Tradition haben, bei der Erinnerung „verstaatlicht" wird und wie man über Verbrechen und Toleranz, über Versöhnung und Brüderlichkeit reden und Programme entwerfen kann, ohne daß es zu einer wirklichen Annäherung kommt. So wird ja gerade zur Zeit in der Diskussion um eine türkische EU-Mitgliedschaft der Genozid als Verhandlungsgegenstand thematisiert – doch ohne daß der Völkermord selbst, ohne daß die Opfer und ihre Geschichte tatsächlich eine Rolle spielen würden. Bezeichnenderweise geht es in diesen Debatten nicht um die Durchschaubarmachung des Verhaltens der jungtürkischen Planer, nicht um Fragen an die nationale türkische Ideologie, nicht um die Ermordung der Armenier und Aramäer selbst. Vielmehr beschäftigt man sich mit der Frage der politischen oder historischen Stellung dieses Ereignisses.

Eine wirkliche Annäherung aber müßte bestrebt sein, in die Wüste zurückzugehen, so wie es jener Soldat versucht hat. Zurückgehen, um Zeugnis abzulegen, wie es Eugen Hoeflich tat.

Oder der Schriftsteller Armin T. Wegner, der mit seinen so unschätzbar wichtigen Dokumenten und mit seinem Werk, auch mit seinem Brief, den er 1933 an Hitler schrieb, Verantwortung übernahm. Oder der sozialdemokratische Reichstagsabgeordnete Eduard Bernstein, der bereits 1902 in einer flammenden Rede mahnte, daß man in bezug auf die diplomatischen Beziehungen zum Osmanischen Reich nicht eine humane Verantwortung den politischen Weltmachtbestrebungen unterordnen dürfe. Es ist sicherlich kein Zufall, daß Bernstein Ende des Ersten Weltkriegs an der Verfassung einer völkerrechtlichen Konzeption arbeitete, die, so Bernstein, die „Sonderherrlichkeit der Staaten" einengen sollte und neben der staatlichen Zugehörigkeit auch „Heimatrechte" zu akzeptieren einforderte. Aber auch Raphael Lemkin hat aus der Erfahrung des Genozids an den Armeniern eine Verantwortung zum Handeln abgeleitet: jener polnisch-jüdische Völkerrechtler, der 1923 zum ersten Mal auf einer internationalen Konferenz eine Eingabe für einen supranationalen Strafrahmen in bezug auf Völkermordverbrechen vorstellte. 1944 benannte er dann in einem Gutachten über die deutsche Besatzungspolitik in Polen dieses Verbrechen als Genozid, und 1948 sollten seine Überlegungen in die Internationale Konvention gegen Völkermord eingehen.

Verantwortung aus der Erfahrung eines Genozids zu formulieren und Handlungsmaximen definieren, bedeutet zuallererst: sich konfrontieren zu lassen. Auf politischer Ebene bedeutet diese Erkenntnis, daß wir politische Ziele *gewichten*, wir unterscheiden zwischen wichtigen und weniger wichtigen Aufgaben, zwischen langfristig bedeutenden Zielen und Opfern, die wir, um diese Ziele zu erreichen, eben „hinnehmen" müssen. Gerade die letzte Einstellung war es auch, die in der öffentlichen und politischen Diskussion während des Genozids an den Armeniern vorherrschte. Denn wer teilte nicht die Einstellung, daß eben nur ein Land mit einer Staatsbevölkerung in der Lage wäre, Weltmacht zu sein und einen ökonomischen Führungsanspruch zu erreichen?

1918 schrieb General Hans von Seeckt, der 1917 zum stellvertretenden Generalstabschef der osmanischen Armee berufen worden war, in einem Resümee, daß, wer „die innere Schwäche" der Türkei schildern wolle, diese nicht auf dem militärischen Felde zu suchen habe, sondern „eine Kultur- und Sittengeschichte des neuen türkischen Reiches schreiben" müsse. Denn: „Das

Volk war in seiner oberen Schicht unkriegerisch geworden; der Hauptgrund war die steigende Vermischung mit fremden Elementen, namentlich mit dem griechischen und armenischen verschlagenen Handelsvolk. "

Seeckt sprach von „langjähriger Unkultur" und faßte zusammen: „Es ist ein unmöglicher Zustand, mit den Türken verbündet zu sein und für die Armenier einzutreten. Meiner Überzeugung nach muß jede Rücksicht, christliche, sentimentale und politische, gegenüber einer harten aber klaren Kriegsnotwendigkeit verschwinden." Auch andere zogen ihr Resümee aus dem Völkermord, so Paul Rohrbach, der evangelische Theologe, konservative Schriftsteller und deutschnationale Publizist, der sich vor dem Ersten Weltkrieg noch unsicher war, ob nicht das Engagement für die verfolgten Armenier eine moralische Pflicht sei, später aber andere Prioritäten setzte.

1930 werden die Einsichten, die Rohrbach aus dem Ersten Weltkrieg zog, in seinem Buch *Deutschland! Tod oder Leben?* deutlich. Er spricht von dem „so charakteristisch hervortretenden inneren Defekt", an dem Deutschland leide: den Juden. Rohrbach gelangt zu dem Schluß, daß nicht einmal eine „Selbstadoption" der Juden in Deutschland einen Ausweg biete: „Praktisch aber ergeben sich aus der starken Durchsetzung Deutschlands mit Juden sehr böse Folgen, denn die führenden jüdischen Kräfte ... lassen sich ... vielfach von Ideen leiten, die nicht nur unser deutsches Selbstgefühl verletzen, sondern auch Deutschland schaden." Ohne eine grundsätzliche Lösung, so Rohrbach, bleibe Deutschland eine „defekte Nation".

Beide Äußerungen geben nur zwei Positionen des damaligen politischen Diskurses wieder – aber sind sie nicht auch stellvertretend für unsere heutige Diskussion? Gelten Minderheiten nicht immer noch potentiell als stabilitätsgefährdender Faktor? Als potentielle Gefahr? Als Fremde, denen grundsätzlich zu mißtrauen sei?

Reden wir über Völkermord, sind wir sowohl in der Wissenschaft als auch in der Politik geneigt, stets nach direkten Ursachen zu suchen. Noch immer möchte man das entscheidende Dokument Hitlers oder den entscheidenden Ausspruch Hitlers finden. Die Auseinandersetzung über die Beweise für den Genozid an den Armeniern ist aber in ihren Verzerrungen eine Geschichte für sich. Wichtiger erscheint mir, daß wir, um den radikalen Entschluß und die Vielzahl der unterschiedlichen Täter zu verstehen, die an einem Genozid beteiligt sind, auch „indirekte" Ursachen akzeptieren. Mit *indirekt* meine ich Pläne, langfristige politische Zielvorstellungen, die von einem breiten Konsens getragen sind. In weiten Teilen der Bevölkerung bestand die Übereinkunft, daß die Armenier, daß die Juden ein Fremdkörper seien und eine Zukunft der Nation mit ihnen nicht möglich sei.

Mit der Geschichte und der Erfahrung eines Völkermords verantwortlich umgehen, bedeutet zunächst zu hören und zuzuhören: den Familiengeschichten, den Verletzungen und Verlusten, der Trauer. Es bedeutet zu akzeptieren, daß es Roß und Reiter, Opfer und Täter gibt. Ein Genozid ist kein Schicksal, kein Fatum oder die unglückselige Verkettung nicht näher beschreibbarer Umstände. Er hat mit rücksichtsloser Gewalt zu tun, mit Planung. Mit dem breiten Konsens in einer Gesellschaft. Und wenn er einmal möglich war, ist er offensichtlich wiederholbar.

Spätestens während des Genozids an den Tutsi in Rwanda hätte uns klar werden müssen, daß unsere Art des Umgangs mit der Geschichte und unsere Neigungen zum schnellen Gebrauch politischer Floskeln ein wichtiges Versäumnis beinhaltet. Wir haben die Opfer selbst aus der Geschichte gedrängt: die Erzählung der Überlebenden sei nicht sachlich, nicht ausgewogen, nicht objektiv, so die in der Wissenschaft und Politik gültige Einschätzung. Wir hörten nicht auf die Überlebenden in Rwanda und betrachteten die Berichte der Zeugen als subjektiv. Wir haben auf die Stellungnahmen der Fachleute und Politiker gewartet, die den Völkermord zum eskalierten Massaker erklärten, das uns die Konflikte offenbarte, welche in dem Land eben herrschten. Doch so oft wir auch bestrebt sind, Krieg und schwere Menschenrechtsverletzungen auf Konflikte zurückzuführen, wir müssen akzeptieren, daß ein Genozid und Gewalt gegen Menschen bewußt begangen werden. In dem Vorhaben zur Auslöschung einer Bevölkerungsgruppe vermischen sich traditionelle Vorurteile und Haß mit rationaler Planung. Vor allem geht es um die Gestaltung einer neuen Gesellschaft.

So bedeutet, die Geschichte des Genozids an den Armeniern zu erzählen, zu akzeptieren, daß wir Täter definieren müssen. Auch, daß es eine *Haftung* gibt: was nicht meint, daß in einer Generationenfolge eine bestimmte Schuld geerbt wird. Aber dadurch, daß wir in Gesellschaften leben, die wesentlich – nämlich eben auch in ihrer heutigen Gestalt – durch Krieg und Völkermord geprägt worden sind, tragen wir eine besondere Verantwortung.

> „Schaudernd ob der Unmöglichkeit,
> aus der Zeit zu schreiten" –

wie es Eugen Hoeflich formuliert hat, ist unsere erste Aufgabe, keine Moral, keine allzu weisen Worte als Lehre aus der Erfahrung zu formulieren, sondern der Tat selbst ins Auge zu sehen. Sie muß erinnert werden. Nur aus der Begegnung mit ihr kommt die Bewegung, die unsere Gesellschaften so verändert, daß heute nicht mehr möglich wird, was gestern noch möglich war.

Ich sprach von der *allgemeinen* Bedeutung eines Genozids. Doch als armenische Familien und Nachkommen der Überlebenden sind Sie persönlich und in ganz besonderer Weise Erben der türkischen Vernichtung. Einen Genozid zu „erben" und seine Geschichte anzunehmen, heißt sicherlich auch, den Wunsch zu haben, nicht immer nur von Gewalt und Trauer zu reden, sondern einfach glücklich oder dankbar sein zu dürfen, daß die Großeltern und Eltern, die Urgroßeltern oder Tanten überlebt haben. Denn diesen einen Moment, dankbar zu sein für das eigene Überleben, glücklich zu sein, haben sie sich selbst nie erlaubt. Das Wissen, als Einzelner, häufig als einziger Angehöriger ihrer Familie gerettet worden zu sein, hat die Überlebenden dazu geführt, sich besondere Aufgaben zu suchen. Zum Beispiel wirtschaftlich erfolgreich zu sein, um anderen und sich selbst etwas zu beweisen und um den eigenen Kindern etwas weitergeben zu können. Sie kennen die Geschichten, die in ihren Familien überliefert sind, besser als ich. Die Überlebenden gestalteten ihr weiteres Schicksal immer in Beziehung zu dem Verlorenen. Sie waren die einzigen, die von den Seidenraupenzuchten, den Teppichen und Kirschbäumen in Anatolien, den armenischen Kirchen und den Hochzeiten, den Schulen und den traditionellen Liedern berichten konnten. Vielleicht sind diese Erinnerungen die einzige Sprache, die den Großerzählungen der Politik entgegengesetzt werden können. Eugen Hoeflich, Karl Liebknecht, auch August Bebel und Eduard Bernstein, Armin T. Wegner und Franz Werfel, Henry Morgenthau und Raphael Lemkin sind angesichts der Erfahrung der Ermordung der Armenier nicht dabei stehen geblieben, ethisch-moralische Aufforderungen zu formulieren. Sie haben erkannt, daß das, was den Völkermord ermöglichte, auch etwas mit grundsätzlichen, mit allgemein akzeptierten politischen Mustern zu tun hat. Mit *unseren* Orientierungen, Gesellschaft und Identität zu leben. Und sie sind der Einsicht gefolgt, daß man über Völkermord nicht reden kann, ohne die Täter und die Opfer zu benennen. Ist es nicht umso erstaunlicher, daß wir, die wir die Erfahrung zweier Weltkriege, des Genozids an den Armeniern und des Holocaust haben, uns heute trotzdem scheuen, politische Folgerungen aus einem Völkermord zu ziehen? Wir kommen nicht umhin, das Vergangene zu bewerten. Und ob und wie wir es tun, sagt oft mehr über uns, als über die Täter und Opfer aus.

So sehe ich es als eine der wichtigen Verantwortungen an, die in bezug auf den Genozid an den Armeniern heute zu leisten ist, die Namen der Täter auszusprechen. Wir können die Täter nicht entlasten, bevor wir sie nicht belastet haben, bevor es in der Türkei nicht möglich ist, die armenische Geschichte sichtbar zu machen, ihr in der türkischen Archäologie und der modernen Geschichte der Türkei, dem Kulturleben und dem heutigen Alltag wieder einen Platz einzuräumen. Bevor es nicht möglich ist, gedenken zu können an den Stätten des Geschehens, an den Orten eines einstmalig blühenden Lebens. Wir sollten nicht akzeptieren, über den Völkermord an den Armeniern auf politischer Ebene zu reden, ohne wirklich über ihn zu reden. Hier haben wir von den Überlebenden zu lernen, die sehen können und verstehen – so wie Yûghaper Eftian, geboren 1901 in Zeytun, die uns mahnt: „Wenn ich heute Fernsehen sehe, denke ich an die unsrige Geschichte. Wenn ich die Kinder sehe, mit aufgeblähten Bäuchen, hungrig, wenn ich sie sehe, denke ich an unsere Wüste. In einer zivilisierten Welt wie in diesem Jahrhundert ist die Grausamkeit sogar noch größer geworden. Überall Massaker, Leid, Mord und Totschlag ... Wissen Sie, was mir meine Mutter gesagt hat, als ich noch klein war? Wir sind blind geworden. Merkst Du, was das heißt? Bis jetzt habe ich das nicht vergessen. Ich hatte es als kleines Kind gehört. Vor 74 Jahren hat sie mir das erzählt. Sie sollte sich jetzt die Welt anschauen. Das Geld ist aus Papier, gefaltet, es gibt kein Maß ... Nur die Erinnerung bleibt. Wenn Du operiert wirst, dann bleibt die Narbe immer sichtbar. Oder wenn ein Glas kaputt geht und Du es zusammensetzt, auch dann bleibt das immer ein zusammengesetztes Glas. Das heißt, die Wunde ist sehr tief. Es können 74 Jahre vergehen, wenn es eine Wunde gegeben hat und wenn diese auch genäht wurde, die Stelle bleibt. Dein Herz ist durchstochen."

GUNNAR HEINSOHN

Der Genozid am armenischen Volk von 1915 und die Verbesserung der türkisch-armenischen Beziehungen: Wie eine Resolution des Deutschen Bundestages lauten könnte

Verteilt auf der Konferenz
„Mit einer Stimme sprechen"
in Berlin am 28. April 2002

Wenn eine Nation um ihre Völkermordtoten trauert und dabei anhören muß, wie die ungeheuerliche Tat als nicht geschehen hingestellt wird, dann erleidet sie zu ihrem Schmerz auch noch den unerträglichen Vorwurf, einem kollektiven Wahn verfallen zu sein. Im Jahre 1985 hat der deutsche Gesetzgeber das Leugnen von Auschwitz auch deshalb unter Strafe gestellt, weil das Nichteingeständnis von Genoziden größere Verbitterung und dauerhaftere Unversöhnlichkeit hervorruft als fast jede andere Reaktion auf solche Taten.

Der Deutsche Bundestag ist über die Verneinung des Völkermordes von 1915 an den Armeniern im jüngtürkischen Osmanenreich nicht weniger bestürzt als über Versuche, die hitlerdeutschen Verbrechen am europäischen Judentum zwischen 1933 und 1945 zu verharmlosen oder gar zu bestreiten.

Der Bundestag weiß um die logistische Hilfe des Deutschen Kaiserreiches bei der Ermordung der Armenier, um die eiserne Weigerung, den verbündeten türkischen Tätern Einhalt zu gebieten, um die aktive Vertuschung der Verbrechen vor der Welt und um die Rettung der Haupttäter auf einem deutschen Zerstörer. Seit der prekären Freundschaft Kaiser Wilhelms II. mit Sultan Abdul Hamid II., der bereits zwischen 1894 und 1896 zahlose Armenier umbringen ließ, gibt es eine nie gesühnte deutsche Mitschuld an den Verbrechen von Osmanen und Jungtürken. Gewiß war es 1915 Innenminister Talaat Pascha, der den Genozidbefehl erteilt hat: „Ihnen wurde bereits mitgeteilt, daß die Regierung durch Befehl der Versammlung (Jemiet) beschlossen hat, die in der Türkei lebenden Armenier restlos auszurotten. Diejenigen, die sich diesem Befehl widersetzen, können nicht mehr für die Regierung im Amt bleiben. Ohne Rücksicht auf Frauen, Kinder und Kranke ... muß ihrer Existenz ein Ende bereitet werden." (Boyajian 1972, S. 320) Gewiß war mit Enver Pascha auch der Kriegsminister ein Türke. Aber faktischer Herr über die Truppen war – als Chef des Generalstabs des ottomanischen Feldheeres von 1914 bis 1917 – Generalmajor Fritz Bronsart von Schellendorf. Als Mitglied der deutschen Militärmission und preußischer Offizier unterstand er direkt dem Kaiserreich. Er war es, der am 25. Juli 1915 die Deportation der noch verbliebenen und längst entwaffneten Armenier aus den östlichen Provinzen der Türkei befahl und damit die Todesmärsche in die syrische Wüste mit zu verantworten hat. Selbst nach dem Kriege hat der – überdies antisemitische – General die armenischen Opfer als „blutsaugende Parasiten" diffamiert, die hassenswerter als „die schlimmsten Juden" seien. Oberstleutnant Boettrich – deutscher Chef der Eisenbahnlogistik im osmanischen Hauptquartier – hat Tausende armenischer Experten seines Bereichs in den sicheren Tod deportieren lassen. Der deutsche Artilleriemajor Graf Wolfskiel hat persönlich die Beschießung des Armenierviertels von Urfa geleitet und die Verbrennung der Menschen in ihren Häusern als gerechte Strafe für die „Verräter" gerechtfertigt. Wir wissen, daß sich noch weit mehr Deutsche für den Mord am armenischen Volk zur Verfügung gestellt haben (Lepsius 1986; Dadrian 1997).

Der Bundestag vergißt bei seinen Hinweisen auf die deutschen Täter keineswegs, daß es nicht zuletzt die zahlreichen Berichte deutscher Konsularbeamter an das Auswärtige Amt in Berlin gewesen sind, durch welche die Auslöschung der Armenier später so genau dokumentiert werden konnte. Vor allem jedoch ist – dem im Reich dafür geächteten – Johannes Lepsius die frühe Aufklärung (1916) über den Todesgang der Armenier zu danken. Das Decken der Verbrechen durch Wilhelm II. und die deutsche Diplomatie war auch deshalb so verwerflich, weil die deutsche Seite so viel besser Bescheid wußte als alle Belogenen.

Der Bundestag ruft den Genozid von 1915 nicht nur deshalb in Erinnerung, um sich einem kaum bewußten Stück deutscher Vergangenheit zu stellen und den Armeniern Gerechtigkeit widerfahren zu lassen. Er will die türkische Republik dazu ermutigen, die Taten der osmanischen Vergangenheit ebenfalls anzunehmen und damit eine Versöhnung zu befördern, die – wie wir wissen – auch von armenischer Seite ganz entschieden befürwortet wird. Die Türkei müßte sich dafür nur der Entschlossenheit entsinnen, mit der sie selbst im Jahre 1918 die Ahndung der Verbrechen an ihren armenischen Bürgern begonnen hat. Schon am 11. Dezember 1918 empört sich der Präsident des türkischen Senats, Achmed Reza, über die Bestialität der Taten. Am 3. März 1919 initiiert Sultan Mohammed VI. den ersten Strafgerichtshof der Menschheitsgeschichte für die Aburteilung von „Verbrechen gegen die Menschheit" *(kanuni insaniyete … karsi îka edilen ceraîm)*. Über 1 000 Mörder von Armeniern werden verhaftet und die geflohenen Hauptverantwortlichen – Dschemal, Enver, Nazim und Talaat – zum Tode verurteilt. Immerhin drei besonders grausame Täter erleiden die Höchststrafe. Am 11. Juni 1919 schließlich gesteht der Großwesir Demat Ferit Pascha die Verbrechen an den Armeniern vor der Weltöffentlichkeit ein und schafft damit einen Präzedenzfall für den mutigen Umgang mit einer entsetzlichen nationalen Vergangenheit (Akçam 1996).

Der Bundestag ist sich bewußt, daß die spätere Freilassung vieler Täter und alsbald dann auch das Leugnen der Tat nicht ohne Mithilfe der europäischen Mächte möglich gewesen wäre. Die kalte Aufkündigung des Vertrags von Sèvres (10.8.1920), der den überlebenden Armeniern zu ihrem Recht verhelfen sollte, durch den Vertrag von Lausanne (24.7.1923), der ihr Schicksal dann nicht einmal mehr erwähnte, hat die innertürkischen Kräfte stärken müssen, die dem – nur allzu menschlichen – Wunsch nach Verdrängung der Schande nachgeben wollten. Ihre Einstellung weiterer Strafverfolgung hat nicht zuletzt den deutschen Diktator Hitler angespornt, seine eigenen Großtötungen in Gang zu setzen: „So habe ich, einstweilen nur im Osten, meine Totenkopfverbände bereitgestellt mit dem Befehl, unbarmherzig und mitleidslos Mann, Weib und Kind polnischer Abstammung und Sprache in den Tod zu schicken. Nur so gewinnen wir den Lebensraum, den wir brauchen. Wer redet heute noch von der Vernichtung der Armenier?" (22. August 1939 nach einer Mitschrift durch Abwehrchef Admiral Canaris in Akten 1956, S. 171).

Im Jahre 1973 wurde der *Special Rapporteur* der Vereinten Nationen gezwungen, den Völkermord an den Armeniern aus seiner *Study of the Question of the Prevention and Punishment of the Crime of Genocide* herauszunehmen und sie – im Jahre 1978 – ohne diesen Tatbestand zu veröffentlichen. Alte Wunden – so hieß – sollten nicht wieder aufgerissen werden (Kuper 1981, S. 219 f.). Tatsächlich sind die Wunden der Armenier dadurch nur noch schmerzhafter geworden und die Scham vieler Türken über den Kleinmut ihrer Regierungen, die sich zur Vergangenheit der Nation nicht bekennen wollen, ist weiter gewachsen. Die Abgeordneten des Deutschen Bundestags würden sich wünschen, daß diese Resolution Kollegen im türkischen Parlament dazu ermutigt, nun ihrerseits eine Erklärung zur osmanischen Schuld am Armeniergenozid auf den Weg zu bringen.

Akçam, Taner: *Armenien und der Völkermord: Die Istanbuler Prozesse und die türkische Nationalbewegung*, Hamburg 1996

Akten zur deutschen auswärtigen Politik 1918-1945. Aus dem Archiv des deutschen Auswärtigen Amtes, Serie D (1937-45). Bd. 7, Baden-Baden 1956

Boyajian, Dickran H.: *Armenia: The Case for a Forgotten Genocide*, Westwood/New Jersey 1972

Dadrian, Vahakn N.: *German Responsability in the Armenian Genocide: A Review of the Historical Evidence of German Complicity*, Watertown/Massachussetts [3]1997

Kuper, Leo: *Genocide: Its Political Use in the Twentieth Century [Appendix 3: The Turkish Genocide Against the Armenians and the United Nations Memory Hole]*, New Haven & London 1981

Lepsius, Johannes: *Bericht über die Lage des armenischen Volkes in der Türkei*, Potsdam 1916 (als Manuskript gedruckt)

Lepsius, Johannes (Hrsg.): *Deutschland und Armenien 1914-1918: Sammlung diplomatischer Aktenstücke*, Potsdam 1919 (Neudruck: Bremen 1986)

OTTO LUCHTERHANDT

Was für eine Resolution des Parlaments der Bundesrepublik Deutschland über die Feststellung des Völkermords an den Armeniern im Osmanischen Reich spricht

Nachdem verschiedene Parlamente europäischer Staaten, zuletzt Frankreichs, förmlich durch Beschlüsse festgestellt haben, daß an den im Osmanischen Reich lebenden Armeniern während des Ersten Weltkrieges ein Völkermord verübt wurde, stand 2001 auch der Deutsche Bundestag vor der Frage, ob er einen solchen Beschluß fassen solle. Anlaß, sich damit zu beschäftigen, war eine bei ihm eingegangene, darauf gerichtete und von ca. 16 000 Personen unterzeichnete Petition. Im Vorfeld der Parlamentsdebatte darüber hatte die von den Sozialdemokraten und den Grünen getragene Bundesregierung aufgrund einer „Kleinen Anfrage" der PDS-Fraktion bereits Gelegenheit gehabt, sich zu dem Problem zu äußern. Dies geschah am 13. März 2001 mit dem folgenden lapidaren Satz: *„Die Bundesregierung ist der Ansicht, daß die Frage der Bewertung der Massaker an den Armeniern 1915/16 im wesentlichen eine historische Frage und damit Gegenstand der Geschichtswissenschaft und in erster Linie Sache der betroffenen Länder Armenien und der Türkei ist."*

Nach dieser förmlichen Erklärung war zu vermuten, daß die die Bundesregierung tragenden Bundestagsfraktionen die geforderte Resolution ablehnen würden. Und so kam es auch: Bis heute weicht das deutsche Parlament einem solchen Beschluß aus. Aber die von der Bundesregierung und den sie tragenden politischen Parteien gegen eine „Armenien-Resolution" des Bundestages vorgetragenen Argumente überzeugen nicht, weil sie weder dem sittlichen Ernst der Petition noch der spezifischen Betroffenheit Deutschlands von ihrem Gegenstand noch ihrer grundsätzlichen Bedeutung für das politische Verhältnis der EU-Mitgliedsstaaten zur Türkei gerecht werden. Aus vordergründiger, falsch verstandener politischer Rücksichtnahme auf den NATO- und EU-Partner Türkei hat der Bundestag die in der Petition liegende Chance verspielt, in politischer Solidarität mit Belgien, Frankreich, Schweden und weiteren EU-Staaten, vor allem aber mit dem über die ganze Welt zerstreuten armenischen Volk eine Resolution zu verabschieden, die ein geschichtliches, mit seinen Folgen bis heute stark und vielfältig fortwirkendes Verbrechen vom Standpunkt universeller und zugleich europäischer rechtlicher und politischer Grundprinzipien klar bewertet und daher auch dem wohlverstandenen Interesse einer Türkei entspricht und entsprechen muß, welche die die EU nicht nur mit dem Kandidatenstatus ausgezeichnet hat, sondern auch bald Beitrittsverhandlungen führen wird.

Die folgenden Ausführungen wollen die Argumente gegen eine „Armenien-Resolution" Punkt für Punkt widerlegen.

1. Argument: Die Bewertung der Massaker an den Armeniern sei Gegenstand der Geschichtswissenschaft, daher Aufgabe der Historiker und könne folglich nicht Sache eines Parlaments sein.

Die These ist unrichtig. Sie unterstellt, daß die Frage, ob es sich damals nur um „Massaker" oder aber um einen „Völkermord" gehandelt habe, von der Seite der Tatsachen her noch nicht vollständig geklärt, daß sie noch offen und daher noch vertiefter Erforschung bedürftig sei. Dies trifft nicht zu. Zwar erschwert die Türkei bis heute den Zugang zu den einschlägigen Archiven des Osmanischen Reiches und verhindert im übrigen aufgrund ihrer anhaltend repressiven Minderheitenpolitik mit rechtlichen, administrativen, polizeilichen und strafrechtlichen Mitteln die freie wissenschaftliche Erforschung der betreffenden Vorgänge in ihrem Lande, aber die dadurch verursachte Material- bzw. Forschungslücke ist nicht so groß, daß eine grundsätzliche Bewertung der so genannten „Massaker" unmöglich wäre. Im Gegenteil: Die Bundesregierung müßte wissen (und im Grunde weiß sie es auch!!), daß wegen der „Waffenbrüderschaft" zwischen dem Deutschen und dem Osmanischen Reich im Ersten Weltkrieg gerade deutsche Archive, voran das des Auswärtigen Amtes über beträchtliche Aktenbestände verfügen, deren Dokumente die Deportationen und die Vernichtung der Armenier in Anatolien nicht nur in groben Umrissen, sondern bis in die schrecklichsten Einzelheiten beschreiben. Ergänzt und vollauf bestätigt wird dieses Tatsachenmaterial u.a. aus Archiven Großbritanniens und der Vereinigten Staaten. Ferner: Die bis heute bedeutendste Quellensammlung über die damaligen Vorgänge ist bereits 1919 in Deutschland (Potsdam) von dem berühmten Theologen und Humanisten Johannes Lepsius herausgegeben worden („Deutschland und Armenien 1914-1918. Sammlung diplomatischer Aktenstücke"). Man muß keineswegs ein gelernter Historiker sein, um durch dieses Quellenstudium, ergänzt um die zahlreichen, außerhalb der Türkei im Laufe der Jahrzehnte erschienenen geschichtswissenschaftlichen Untersuchungen zu der Feststellung gelangen zu können, daß die *objektiven* Merkmale des in der Anti-Völkermord-Konvention der Vereinten Nationen vom 9. Dezember 1948 normierten Völkermord-Tatbestandes (Art. II) in jeder Hinsicht durch die „Massaker" erfüllt sind.

Entgegen der von Seiten der Türkei mit großem Propagandaaufwand hartnäckig vertretenen gegenteiligen Behauptung ist aber auch der *subjektive* Tatbestand des Völkermords als erfüllt anzusehen, denn die damals von den Jungtürken beherrschte osmanische Regierung hat die Durchführung der Deportationen und Massaker „in der Absicht" angeordnet, die „nationale Gruppe" der Armenier „als solche ganz oder teilweise zu zerstören". Daß nämlich die Deportationen mit dem Ziel der physischen Vernichtung und die Vernichtung selbst entgegen dem bei manchen Zeitgenossen vielleicht entstandenen Eindruck unzusammenhängender Massaker in Wirklichkeit planmäßig ausgeführt wurden, ergibt sich zweifelsfrei gerade aus offiziellen türkischen Quellen. Die Nachweise der Pläne und laufenden Einsatzbefehle insbesondere des damaligen Innenministers Talaat Pascha gehören nämlich zu jenem Dokumentenmaterial, das 1919 Gegenstand von Prozessen wurde, welche – auf Druck der alliierten Siegermächte – gegen die Führer der Jungtürken vor dem Militärgericht des Osmanischen Reiches durchgeführt wurden. Das damals in die Beweisaufnahme eingeführte, verlesene und durch zahlreiche Zeugen bestätigte Material rundet unser historisches Wissen über die Hintergründe und Abläufe des Massenmordes an den Armeniern in einer Weise ab, daß selbst von einer Öffnung der türkischen Archive keine grundlegend neuen Erkenntnisse zu erwarten wären. (Vgl.

The Armenian Genocide in Official Turkish Records, in: Journal of Political and Military Sociology, Vol. 22 [1994], No. 1)

Da nun also das historische Material in ausreichender Fülle vorhanden und wissenschaftlich aufgearbeitet ist, läßt es sich aus der Sicht der UN-Konvention auch bewerten. Entgegen der Ansicht der Bundesregierung ist dieser Schritt aber nicht mehr Aufgabe des Historikers, sondern die eines Völkerrechtlers, also des *Juristen,* und ein solcher kann bei der beschriebenen Sachlage gar nicht anders als eben zur Feststellung des „Völkermordes" zu gelangen. Da aber die Türkei hartnäckig die historischen Tatsachen ableugnet, bis heute die Unmenschlichkeiten des jungtürkischen Regimes in einer letztlich nur mit fehlgeleitetem Nationalismus zu erklärenden Weise verharmlost und im übrigen die Politik einer Tabuisierung des Völkermords nicht nur zur Richtschnur ihrer Innen-, sondern auch ihrer Außenpolitik macht (was durch ihre hysterischen Reaktionen auf den französischen Parlamentsbeschluß massiver nicht bestätigt werden könnte), hat die Qualifizierung der Ereignisse als Völkermord den Rang einer aktuellen politischen Frage angenommen. Hier liegt auch der Grund, weswegen sie durchaus zum Gegenstand eines Parlamentsbeschlusses gemacht werden kann.

Das eingangs genannte Argument hat im übrigen noch eine sehr bedenkliche und speziell für die betroffenen Armenier bittere Seite: Es stärkt nämlich – gewollt oder ungewollt – die offenkundige Strategie der Türkei, den Eindruck zu erwecken, das verfügbare historische Tatsachenmaterial reiche nicht aus, um eine Qualifizierung der Vorgänge im Lichte des Völkermord-Tatbestandes der UN-Konvention vorzunehmen. Die wenigen noch in der Türkei sowie die in der Diaspora lebenden Armenier und Nachkommen der Überlebenden des Völkermords werden so um ein anerkennendes Verständnis für ihr Schicksal gebracht und in der sich in unterschiedlichen Zusammenhängen immer wieder für sie ergebenden Auseinandersetzung mit dem offiziellen türkischen Standpunkt unter einen unerträglichen Rechtfertigungsdruck gestellt. Die politisch-psychologische Unzumutbarkeit dieser Situation kann man leicht mit der folgenden hypothetischen Überlegung nachvollziehen: Wie würde den jüdischen Überlebenden des deutschen Massenmords zumute sein, wenn die Regierung Deutschlands die Tatsache des Holocaust bestreiten und die (bei schlechtestem Willen nicht mehr zu leugnenden) „Massaker" als Folge von eigenmächtigem

Handeln untergeordneter Stellen und nicht autorisierter Bevölkerungsgruppen oder gar als Reaktion auf angebliche Illoyalität und Verrat der Juden in Deutschland hinstellen würde? Die Öffentlichkeit würde auf solche Ungeheuerlichkeiten mit einem Aufschrei reagieren!

2. *Argument: Man sollte die „tragischen Ereignisse" (Cem Özdemir) einem Dialog zwischen Armeniern und Türken überlassen. Deutschland habe mit der Frage nichts zu tun.*

In der Türkei leben heute, bei einer Gesamtbevölkerung von über 68 Millionen Menschen, nur noch gut 60 000 sich als solche dazu bekennende Armenier. Sie werden in ihrem Heimatland Anatolien gerade eben noch geduldet, leiden unter der offiziellen, repressiven Minderheitenpolitik im Lande und besitzen hinsichtlich ihrer Geschichte in der Türkei keine Forschungs- und Meinungsfreiheit. Unter solchen Bedingungen der Unterdrückung und Marginalisierung fallen sie schon zahlenmäßig als „Dialogpartner" aus. Bleiben die Diaspora-Armenier im Ausland und die Republik Armenien im Südkaukasus. Die wohlmeinende Empfehlung eines Dialogs würde allerdings auf Seiten der Türkei die Bereitschaft vorauszusetzen, die in weltweiter Zerstreuung lebenden Armenier als „Dialogpartner" anzuerkennen. Das ist zwar nicht ausgeschlossen, aber bis heute unterblieben. Was könnte auch den politischen „Goliath" Türkei bewegen, den Dialog mit dem politischen „David" Armenien zu suchen, wo doch – seriöserweise – das Ergebnis eines solchen „Dialoges" angesichts der historischen Sachlage und der eindeutigen juristischen Bewertung nur die Bestätigung der von den Armeniern eingenommenen Position sein könnte? Ebenso ist aber auch umgekehrt zu fragen: Kann man es den Armeniern eigentlich zumuten, daß sie die türkische Vorbedingung eines Dialogs, nämlich die angebliche Ungeklärtheit der historischen Tatsachen und die Offenheit ihrer Bewertung akzeptieren?

Die Unzumutbarkeit und Unerträglichkeit eines solchen Ansinnens kommt auch hier in seiner ganzen Tragweite in den Blick, wenn man die folgende hypothetische Parallelüberlegung anstellt: Könnte Deutschland von den Überlebenden des Holocausts erwarten, daß sie die Aufforderung zu einem Dialog akzeptieren, zu dessen Vorbedingung Deutschland die Bereitschaft der Juden machen würde, nicht auf der Tatsache des Völkermords zu bestehen?

Die zunächst plausibel und angenehm klingende Empfehlung des Dialogs erweist sich bei näherem Hinsehen als das Wegschieben eines lästigen Problems, für dessen Lösung man selbst keine Mitverantwortung empfindet.

Besonderes Erstaunen muß die Ansicht hervorrufen, Deutschland habe mit dem Streit um den Völkermord an den Armeniern nichts zu tun. Das Gegenteil ist richtig. Wenn überhaupt ein europäischer Staat spezifische sachliche und nationale Gründe für die Verabschiedung einer Armenien-Resolution haben sollte, dann allein Deutschland! Dafür gibt es fünf Argumente:

1. Durch sein Bündnis mit der Türkei im Ersten Weltkrieg war das Deutsche Reich verstrickt in die Vernichtungsmaßnahmen gegen die Armenier. Seine ca. 800 Militärberater nahmen Schlüsselpositionen in den türkischen Streitkräften an allen Fronten ein und trugen wesentlich dazu bei, daß durch die Abwehr der alliierten Streitkräfte an der Kaukasusfront, in Mesopotamien und Syrien die wichtigsten Siedlungsgebiete der Armenier im türkischen Machtbereich blieben. Teilweise waren deutsche Militärs unmittelbar an der Durchführung von Deportationen beteiligt. Zu einem nicht unbeträchtlichen Teil hegten sie massive antiarmenische Vorurteile, die sich nicht selten mit antisemitischen Einstellungen mischten. Besonders bekannt ist dafür der Generalstabschef Enver Paschas, Bronsart von Schellendorff. In Einzelfällen haben allerdings deutsche Militärbefehlshaber, namentlich General Liman von Sanders in Smyrna, Armenier erfolgreich vor der Vernichtung bewahren können. Daß dies möglich war, darf als Beweis dafür gewertet werden, daß ein entschiedener und geschlossener Protest der deutschen Militärberater bei Talaat und Enver Pascha die sich vor ihren Augen abspielenden Vernichtungsaktionen zumindest teilweise hätte verhindern können. Die Verantwortung dafür, daß dies nicht geschah, fällt aber weniger den Militärberatern selbst als vielmehr der deutschen Reichsregierung zur Last. Denn sie war über die planmäßige Vernichtung der Armenier aufgrund der ausführlichen Berichterstattung aus ihrer Botschaft in Konstantinopel, aus den regionalen Konsulatsverwaltungen und aus sonstigen Quellen umfassend informiert, aber sie ließ

es – bestenfalls – bei schwachen Ermahnungen an den türkischen Verbündeten bewenden. Eine andere und meist völlig unbeachtet gelassene schwere Verantwortung hat das Deutsche Reich in politischer Hinsicht ferner dadurch auf sich geladen, daß es im November 1914 den türkischen Verbündeten nachdrücklich und im Ergebnis auch erfolgreich dazu drängte, bei seinem Eintritt in den Weltkrieg den „Heiligen Krieg" (Dschihad) auszurufen. Die Reichsregierung versprach sich davon, die unter alliierter Herrschaft in Asien und Nordafrika stehenden moslemische Bevölkerungsgruppen für eine kriegerische Unterstützung der Mittelmächte zu gewinnen. Die Folge war aber eine Mobilisierung des islamischen Christenhasses, der sich alsbald – wie immer – gegen Armenier (und Griechen) richtete.

2. Ein weiterer Grund dafür, daß Deutschland besondere Veranlassung hätte, sich intensiv mit dem Völkermord an den Armeniern auseinanderzusetzen, ist der Umstand, daß in deutschem Namen während des Zweiten Weltkrieges der schlimmste Völkermord des 20. Jahrhunderts, der Massenmord an den Juden, begangen wurde, darüber hinaus aber auch ein Völkermord an den „Zigeunern". Nichts läge daher näher, daß sich die maßgeblichen politischen Kräfte in der Bundesrepublik Deutschland in besonderer Weise der Aufgabe einer vergleichenden Genozidforschung verpflichtet fühlten. Die Bedeutsamkeit und die moralische Wurzel einer solchen Aufgabe beginnt man in Deutschland – eigenartigerweise – erst heute zu erkennen, und die in Deutschland leider noch immer zu beobachtenden vollständig unterschiedlichen Haltungen zu dem Völkermord an den Juden einerseits, dem Völkermord an den Armeniern andererseits unterstreichen das. Die Tatsache, daß über 100 amerikanische Holocaust- bzw. Genozidforscher sich gegenüber dem Kongreß (freilich vergeblich) für eine Armenien-Resolution eingesetzt haben, sollte den in der Bundesrepublik Deutschland mit der Problematik auf der politischen Ebene befaßten Verantwortlichen zu denken geben.

3. Ein weiterer wichtiger Grund für Deutschland, sich in dieser Frage zu engagieren, ist der Umstand, daß eine zahlenmäßig ungewöhnlich starke türkische Volksgruppe in der Bundesrepublik lebt. Die Angehörigen dieser Volksgruppe sind laufend durch die elektronischen Medien und die Druk-

kerpresse und auf andere Weise, darunter auch durch Schulbücher und sonstige Schriften, mehr oder weniger weitreichend und intensiv Adressaten der von der Türkei vertretenen politischen Prinzipien eines ausgeprägten Nationalismus mit einer dazu korrespondierenden negativen Einstellung gegenüber nichttürkischen und nichtmoslemischen Minderheiten und eines osmanisch-türkischen Geschichtsbildes, in dem namentlich Armenier, wenn überhaupt, nur negativ vorkommen. Das intensive Bemühen der Bundesrepublik Deutschland, auf allen Ebenen des Gemeinwesens frühzeitig und wirksam den Gefahren der Ausländerfeindlichkeit zu begegnen und Toleranz gegenüber Minderheiten in die Erziehung zu integrieren, kontrastiert in auffälliger Weise mit der von deutscher Seite, jedenfalls nach der Presseberichterstattung zu urteilen, klaglos, passiv hingenommenen Indoktrination der in Deutschland lebenden türkischen Volksgruppe im Geiste nationalistischer Prinzipien.

4. Die aggressiv-nationalistische, die Unmenschlichkeiten der Behandlung der Armenier im Osmanischen Reich teils herunterspielende, teils rechtfertigende türkische Propaganda auch in Deutschland dürften in Bezug auf die heute in Deutschland lebenden ca. 40 000 Diaspora-Armenier, ganz überwiegend Nachkommen von Überlebenden des Völkermords von 1915/16, die Tatbestände der Beleidigung (§ 185 StGB), der Verhöhnung des Andenkens Verstorbener (§ 189 StGB) und der Volksverhetzung (§ 130 StGB) erfüllen. Die Parallele zu der in der Bundesrepublik verfassungsrechtlich abgesicherten strafrechtlichen Verfolgung der Bezeichnung von „Auschwitz" als Lüge, also der Leugnung des Völkermords an den Juden, muß sich dem unbefangenen Beobachter geradezu aufdrängen. Eine Armenien-Resolution des Deutschen Bundestages würde wenigstens moralisch-politisch den Erinnerungen der deutschen Mitbürger armenischer Nationalität Stärkung und Gerechtigkeit widerfahren lassen.

5. Mit diesen Bemerkungen wird auch das von vielen Politikern und Publizisten vertretene Argument widerlegt, die Deutschen hätten wegen ihrer eigenen, mit einem Völkermord belasteten Vergangenheit das geringste Recht, sich in dieser Sache in die vordere Reihe zu stellen und die Türkei belehren zu wollen. Umgekehrt wird ein Schuh daraus! Gerade *weil* Deutschland die schreckliche Erfahrung mit einer genozidä-

ren Tätergesellschaft gemacht, diese unglückselige Vergangenheit aber mit einem auch und gerade im Ausland allenthalben anerkannten Erfolg überwunden hat, könnte und sollte gerade Deutschland für die mit ihr auf politischer Ebene und durch zahllose „einfache" Menschen im Alltag eng verbundene Türkei auf diesem Gebiet ein Gesprächspartner sein.

3. Argument: Mit Resolutionen der vorgeschlagenen Art erreiche man nichts oder sogar eher das Gegenteil dessen, was man mit ihr anstrebe, nämlich eine noch geringere Bereitschaft der Türkei, sich ihrer Vergangenheit offen zu stellen. Zugleich würde dadurch die Position der liberal und demokratisch eingestellten Kräfte in der Türkei geschwächt, die das Land in die Europäische Union führen möchten bzw. umgekehrt diejenigen gestärkt, die trotzig in ihrem türkischen Nationalismus und Islamismus verharrten und einen EU-Beitritt der Türkei ablehnten.

Das Argument ist in politischer Hinsicht unhaltbar und kann auch in sonstiger Hinsicht sachlich nicht überzeugen. Im Grunde genommen stellt die Forderung an die heutige sich ausweislich ihrer Verfassung als demokratischer Rechtsstaat verstehende Türkei, sich nämlich von den unmenschlichen, völkermörderischen Taten während der Kriegsdespotie im Osmanischen Reich und der Diktatur der Jungtürken zu distanzieren und gegenüber diesem Teil der nationalen Geschichte eine mit den tragenden Grundsätzen der europäischen Zivilisation übereinstimmenden Standpunkt einzunehmen, nicht mehr als eine bare Selbstverständlichkeit dar. Als Vertragsstaat der Anti-Völkermord-Konvention von 1948 ist die Türkei jedenfalls völkerrechtlich, moralisch und politisch zu einer entsprechenden Überprüfung dieses Teils ihrer Geschichte verpflichtet.

Und noch ein weiterer Gedanke drängt sich auf: Für wie „europafähig" halten die Anhänger einer solchen Argumentation eigentlich die türkische Gesellschaft und ihre realen politischen Kräfte in ihrer Dynamik oder, anders gesagt, für wie schwach halten sie eigentlich die für den EU-Beitritt in der Türkei eintretenden Kräfte, wenn sie allen Ernstes der Überzeugung sind, daß die Distanzierung der heutigen Türkei von ihren

vordemokratischen und vorrechtsstaatlichen Verfassungszuständen eine der Annäherung des Landes an Europa im Ergebnis
abträgliche Forderung ist?

Und, so muß man weiter fragen, wieso überschreitet eine solche, wie gesagt selbstverständliche Forderung an die Türkei die
Grenze des ihr von außen Zumutbaren, während doch die Weltbank, der Internationale Währungsfonds und nicht zuletzt auch
und gerade die Europäische Union laufend massive, auf alle
staatlich-gesellschaftliche Lebensbereiche der Türkei ausstrahlende Forderungen, niedergelegt in ganz konkreten Beschlüssen,
erheben? Wieso befürchtet man von solchen Forderungen keine
Schwächung der politischen Partner in der Türkei, auf die man
seine strategische Hoffnung für eine Annäherung des Landes
an die westlichen Rechts- und Verfassungswerte setzt? Hier liegt
ein großer Widerspruch in der Argumentation!

Aber selbst wenn das Argument zutreffen sollte – müßten
nicht die Mitgliedstaaten der Europäischen Union und mit ihnen die Bundesrepublik Deutschland um der Werte und Prinzipien der EU willen nicht gerade solche Forderungen erheben und
auf ihrer Einhaltung bestehen, zum einem, um sich selbst treu
zu bleiben, zum anderen, um der Türkei offen und ehrlich den
moralischen und politischen Preis eines EU-Beitritts vor Augen
zu führen? Ist es denn eine gegenüber der Türkei faire und hinsichtlich der Europäischen Union selbst verantwortungsbewußte und kluge Politik, der Türkei einerseits den EU-Kandidatenstatus einzuräumen, ihr andererseits aber nicht möglichst
frühzeitig klar und unmißverständlich den zu entrichtenden
„Eintrittspreis" in die EU mit allen seinen Komponenten vor
Augen zu führen?

4. Argument: Die Armenier seien selbst gegen solche
Resolutionen, weil sie solche Aktionen politisch nicht
für hilfreich, vielmehr für eine Gefährdung ihrer
Landsleute in der Türkei hielten.

Dieses immer wieder zu hörende, scheinbar armenierfreundliche Argument gibt die ganz überwiegende Meinung der in der
Diaspora lebenden Armenier nicht zutreffend wieder. Im Gegenteil, die bisher von westlichen Parlamenten, aber auch von
der Staatsduma Rußlands getroffenen Beschlüsse gehen zu er-

heblichen Teilen auf armenische Initiativen zurück. Allerdings dürften die heute noch in der Türkei und namentlich im Groß-raum Istanbul lebenden Armenier eher gegen solche Resolutio-nen sein, jedenfalls soweit sie sich in der Öffentlichkeit äußern, weil sie Loyalität gegenüber dem Staat demonstrieren wollen und wohl auch müssen.

Bei derartigen Bedenken und Warnungen sollte man sich aber vor Augen halten, daß die Armenier in der heutigen Türkei aus mehreren Gründen keine volle Meinungsfreiheit genießen, und zwar weil sie traumatisiert und stigmatisiert sind, weil ihnen gegenüber niemals die Kontinuität der auf Auslöschung und Assimilation ausgerichteten aggressiven türkischen „Minder-heitenpolitik" unterbrochen wurde und weil daher in ihrem Bewußtsein laufend das Gefühl der existentiellen Bedrohung wach gehalten wird. Welche Meinung die heute noch in der Tür-kei lebenden Armenier zu den Resolutionen hätten, wenn sie wirklich „frei von Furcht" ihre Meinung sagen könnten, dar-über kann wohl im Ernst kein Zweifel bestehen.

Die Autoren

Eduard Bernstein (1850-1932), zunächst Bankangestellter, dann Journalist, Historiker, Schriftsteller und Politiker, 1902-1906 und 1912-1918 sowie 1920-1928 Mitglied des Reichstags für die SPD bzw. USPD, zahlreiche Veröffentlichungen u.a. zur Geschichte der Arbeiterbewegung und Theorie des Sozialismus, zur englischen Revolution und Novemberrevolution sowie zum „Revisionismus"

Helmut Donat, (*1947), Bankkaufmann, Historiker und Verleger, 1990 mit dem „Kultur- und Friedenspreis der Villa Ichon" in Bremen und 1996 mit dem „Carl-von-Ossiezky-Preis für Zeitgeschichte und Politik" der Stadt Oldenburg ausgezeichnet, zahlreiche Veröffentlichungen u.a. zur Geschichte des deutschen Pazifismus und Militarismus, zum „Historikerstreit" und zur „Wehrmachtsausstellung", zu den Ursachen und Folgen des Nationalsozialismus sowie zum Völkermord an den Armeniern

Georg Gradnauer (1866-1946), Dr. phil., Journalist und Politiker, 1898-1905 und 1912-1918 sowie 1920-1924 Mitglied des Reichstags für die SPD, 1918/19 sächsischer Justiz- bzw. Innenminister, 1919/20 Ministerpräsident des Freistaates Sachsen, 1920/21 Reichsminister des Inneren, 1944/45 inhaftiert im Konzentrationslager Theresienstadt, Veröffentlichungen zu sozialen und politischen Themen

Gunnar Heinsohn (*1943), Dr. phil. und Dr. rer. Pol., seit 1984 sozialpädagogische Professor an der Universität Bremen, wo er 1993 mit dem „Raphael-Lemkin-Institut für Xenophobie und Genozidforschung" in Europa die vergleichende Völkermordforschung etablierte, in dem das weltweit erste „Lexikon der Völkermorde" (1998) und eine Konzeption für „Völkermordfrühwarnung/Genocide Watch" (2000) entstand, Forschungsschwerpunkt „Theorie und Geschichte der Zivilisation", zahlreiche Veröffentlichungen (über 620 Titel) u.a. zum Holocaust, Antisemitismus, Judenhaß, Antizionismus und zur Hexenverfolgung

Otto Luchterhandt (*1943), Dr. jur., Professor des Öffentlichen Rechts und Osteuropäischen Rechts am Fachbereich Rechtswissenschaft der Universität Hamburg und Direktor der Abteilung für Ostrechtsforschung, Forschungsschwerpunkt seit 1991 u.a. Staats- und Verwaltungsrecht Rußlands unter besonderer Berücksichtigung seiner föderalen Ordnung, Veröffentlichungen zum deutschen Staatsrecht und zum Recht der osteuropäischen Staaten, insbesondere der Sowjetunion und Rußlands, sowie zum Völkerrecht

Steffen Reiche (*1960), Tischler, Pfarrer und Politiker, 1989 Mitbegründer der SDP/SPD, seit 1990 Mitglied der Volkskammer bzw. des Landtages Brandenburg für die SPD, 1990-2000 Landesvorsitzender der SPD Brandenburg, 1994-2004 Minister für Wissenschaft, Forschung und Kultur bzw. für Bildung, Jugend und Sport des Landes Brandenburg